子どもの発達と学童保育

子ども理解・遊び・気になる子

田丸敏高
河崎道夫
浜谷直人
編著

福村出版

●この本を手にされたあなたへ

子育てにしても、保育にしても、子どもにかかわることは一喜一憂の世界に身を置くことです。子どもと同じ時間を過ごし、心は一緒に揺さぶられ、余裕などあるわけはありません。高みの見物とは違うので、冷静になるなど無理な話です。「今日もどうにか無事終わった」と1日の終わりに思えるだけで、精一杯です。しかし……。

そうは言っても、ほっと一息ついて、子どもとのつきあい方を振り返ってみたいときもあるでしょう。それをきっかけに、自身の来し方行く末を考えてみる時間があってもいいかもしれません。この本は、学童保育における子どもの姿を描いた本なのですが、読み進めるにつれ、子どもの面白さが諸処に出没し、そこに立ち合う大人の楽しさが見えてきます。

この間毎年拡大し続けてきた学童保育数はいまや2万204カ所、入所児童数は81万9622人（全国学童保育連絡協議会、2011）となりました。学童保育は、大勢の期待と関心のなかで営まれています。

親にとって、学童保育は就労を可能にしてくれる頼りになる所です。学校が終わってから親が帰宅するまでの間、子どもを安心して任せることのできる場です。とはいえ、学童保育は親のための施設ではありません。学童保育は、子どもが進んで帰って行く場です。学童保育で、子どもは楽しい遊びを経験し、きょうだいのように友達と仲良く過ごし、指導員には親のように気持ちを受けとめてもらえます。

指導員にとって、学童保育は親の期待を背負った場です。小学生は活動的でにぎやかなので、大人は小学生のそばにいるだけで元気が出てきます。学童保育はダイナミックな遊びを展開したり、特製のおやつを創ったり、いろいろな工夫のできる場です。ときには、親の人生相談にのることもあります。これらを通じて、指導員も成長できる素晴らしい仕事です。しかし、学童保育は、とてつもなく体力と精神力を求められる場です。夏休みの暑い時期に子どもと一緒に走り回って遊ぶには、並大抵の体力ではもちません。子どもの「生意気な」暴言にも気持ちを切り替えて立ち向かわなければなりません。

学童保育は、学校内に置かれていることも多く、教師にとっても関心事です。子どもが教室で見せる姿と学童保育で見せる姿とでは、違いがあります。教室では身勝手な振る舞いの多い子どものように見えても、学童保育では年下の子どもの面倒をよくみる子どもであることもあります。もちろん、反対に教室では先生の言うことをよくきく素直な子どもなのに、学童保育では甘えっ子で指導員の手を煩わせる子どもであることもあります。また、教育を目的とする学校と、生活と遊びの保障を目的とする学童保育とでは、同じような活動であってもその意味は異なります。
行政からみると、学童保育は毎年予算増が求められる事業です。母親の就業率を高める視点や少子化対策の視点から検討することもあるでしょうが、基本は児童福祉法の精神に則り、子どもの「健全育成」を目指す事業です。そのために、子どもや保護者の要望を聞き、ふさわしい建物を作ったり、必要な備品を整備したり、指導員を確保し研修を保障したり、障がいのある子どもの受け入れを促したり、次から次へと課題が現れて、解決を迫られています。

教育者や保育者をめざす学生にとって、学童保育は生身で子どもと触れあう大切な機会を提供してくれます。「ボランティアとして子どもと遊んでくれるだけでいい」と言われても、指導案のようなシナリオが用意されてはいないので、その場で自分で判断しなければならない場面にたびたび遭遇します。もちろん、楽しいことも多いのですが、迷うことも出てきます。2人の子どもから同時に別の遊びに誘われたがどうしたらよいのだろうか、突然「おまえなんかもう来るな」と言われてしまったらどうしようか、等々。

このように、さまざまな立場から関心をもたれる学童保育ですが、それでは子どもにとって学童保育とは何でしょうか。本書の編集に携わった3人は、いずれも心理学を専門とし、学童保育の実践を尊重し、発達的視点を大切にしたいと思っています。しかし、既存の理論の枠組みを用いて、学童保育における子どもの発達を解釈しようとするつもりはありません。学童保育は、子どもの発達の宝庫で、心理学はその豊かさをまだ知りません。本書では、「生活」「遊び」「障がい」の3つを大きなテーマとし、事実に即しながら学童保育において子どもが発達する姿を描いてみました。

長年学童保育づくりにかかわってきた真田祐氏や片山恵子氏、河野伸枝氏らと議論し励まされたこと、「1000点サッカー」というユニークな遊びを創り出した中根大佑氏が執筆陣に加わってくれたこと、馬場久志氏によって学校教育の視点からのアドバイスを与えられたことなど、幸運が重なり、本書は世に出ることができました。最後になりましたが、福村出版の石井早苗氏は、企画段階から発刊を信じて粘り強く取り組んでくださいました。心より感謝いたします。

2011年9月

編者　田丸敏高
河崎道夫
浜谷直人

目次

3章　発達障がい・気になる子ども

4章　学童保育の過去・現在・未来

1章

子どもの生活と発達

1 小学生の生活――学業の時間と放課後の時間

放課後が待ち遠しくて、身体がうずうずする。夕飯の時間も忘れて遊びほうける。どうやったら勝てるか必死に工夫したり、負けた悔しさにじっと耐えたりする。友達と一緒にいることが楽しくてたまらない。子どもの生活は外から見ると規則正しく淡々と繰り返されているようでありながら、実は悲喜こもごもさまざまな感情に彩られています。

小学生にとって、学業の時間と放課後の時間とは対比的です。一方は、規律と努力が求められる学校の世界です。どんなに優しい先生であったとしても、どんなに授業が楽しい先生であったとしても、その先生の指導には「強制力」を伴います。他にやりたいことがあるときでも、多少気持ちが乗らないときでも、子どもは学校で勉強しなければなりません。他方、放課後は学校から解放された自由な時間です。お腹がすいたらおやつを食べたり、疲れたら寝転んでぼぉーっとしたり、1人静かに本を読んだり、好きなように過ごすことのできる時間です。その対比は、大人にとって会社にいる勤務時間と家で過ごす時間との対比と似ています。

昔からそうであったわけではありません。私の父は去年他界しましたが、子どもの頃（昭和初期）は毎日家の手伝いをしていたと聞いています。むしろ学校に行けるのは雨の日だけで、晴れの日は子守をしなければならなかったそうです。晴れの日は家中の人が総出で農作業をするので、子守は小学生に任されたのです。家から学校まで1里（約4キロメートル）あったということですが、父は行き帰りの道程を含めて学校は楽しみだったという話をしていました。もちろん、戦前であっても労働から解放されていた子どももいたことでしょう。しかし、すべての子どもたちが労働から解放され、「学ぶ権利」を獲得したのは戦後になってからです。

学校が「学ぶ時間」で、放課後が「遊ぶ時間」という構図そのものが歴史的産物なのです。したがって、その関係も時代とともに変化していきます。現に、学校では友達と楽しく過ごして、勉強は放課後の塾でがんばるという構図も生まれています。そうした子どもたちにとっては、「学ぶ時間」が延々と続き、夜、家族が寝静まってパソコンに向かう時間が「遊ぶ時間」なのかもしれません。子どもには規律をもって「学ぶ時間」と、そこから解放される「遊ぶ時間」との双方が必要です。「よく学びよく遊べ」という標語をもち出すまでもなく、片方が欠けるともう片方もうまくいかないということは、古くから気づかれていたことです。

学童保育が子どもにとってどういう時間であるべきなのか、指導員はもちろん保護者も学校の先生も共通して理解しておくことが必要です。学童保育は、児童福祉法において、放課後児童健全育成事業として条文化されています。そこには、「放課後児童健全育成事業とは、小学校に就学しているおおむね10歳未満の児童であつて、その保護者が労働等により昼間家庭にいないものに、政令で定める基準に従い、授業の終了後に児童厚生施設等の施設を利用して適切な遊び及び生活の場を与えて、その健全な育成を図る事業」と書かれています。その歴史的意義については、4章で検討されることになりますが、その意義は留守宅家庭の児童の健全育成だけにはとどまりません。その意義は、より大きく深いところにあり、現代に生きるすべての子どもたちにどのような生活が必要なのか、示している点にあると思います。

2 幼児から児童への三つの変化

小学校に入ると、いままでと違った「広い世界」が待っています。たとえば、幼稚園や保育所では、ほとんどの時間いつもの先生といつもの友達がいるなじみ部屋のなかで過ごします。あとは家庭での生活時間となります。だから、幼児は空間的にも時間的にも、人間関係においても限られたなかでの生活があって、そこに適応できれば、おおむね順調に過ごしていけるわけです。ところが、学校は違って、大勢の先生と上級生、同級生がいます。いろいろなことを教わり、知識が増え、急に世界が広がります。また、大人の目の届かないところで、子どもだけで遊ぶ機会も増えます。いままでは家庭や幼稚園や保育所に適応していけばよかったのが、今度は学校や地域社会などの広い世界で過ごしていかなければなりません。これが一つめの大きな変化です。

それから二つめとして、「自分と向き合う」ことが生じます。広い世界に出てみると、自分のことがいままでと違った見え方がしてきます。いままでは、お母さんとの関係、お父さんとの関係、園の先生との関係、そういうなかでだけ自分を見ていたのですが、今度はいろいろな人との関係を考えなくてはならなくなります。そうすると、自分でやらなければならないこと、考えなくてはならないことがたくさん生まれてきます。それを自分のなかに取り入れて成長しようとします。ここで、少し苦しみが生まれるわけです。たとえば、小学生になった子どもが、縄跳びを練習しています。ところが、はじめはなかなかうまくいきません。うまくいかなければ、あきらめるか、できたふりをすればいいのですが、そうはいきません。幼児期にはそれでよかったのですが、小学生になるとそれは悔しくてたまらなくなります。自分で10回すると決めて10回できないと、涙が出てきます。悔しくて、悔しくて。人から言われてやるのではなくて、自分のなかで課題を見つけて自分で苦しむようになったのです。自ら苦しむことができるようになったともいえます。小学校にはいろいろな遊具が置かれています。一輪車もあるし鉄棒もある。そういうことに自分で挑戦して、悔しさに耐えながら、がんばるわけです。もう少し大きくなってくると、ひそかに練習して誰も知らないうちにできていたりしますが、小学校低学年の時は親の前で、先生の前で姿を見せながら、がんばります。

小学校に入学して三つめの大きな出来事は「親との失恋」です。親にとっては辛いことですが、子どもにとっては必要なことです。読者のみなさんは、子どもに「大きくなったら誰と結婚する?」などと聞いたことがありますか。そのとき、小さい頃は男の子だったらよく「お母さん」と答えてくれます。しかし、小学校に上がってからはなかなか言わなくなります。というのも、親はそれほどたいした人ではないということがわかってしまうからです。学校に行くといろいろな先生がいます。授業で「正しいこと」をいろいろ教えてくれます。それに対して親はよく間違えます。また、親にもわからないことがあります。そうすると、いままで親が世界で一番すばらしい人だと思っていたのが、「なんだ、親はたいした人じゃないんだ」ということになってしまうわけです。失望というか失恋というか、親を冷静に見るようになります。そのような状況が、小学校に入ってしばらくしたときの子どもの状況だと思います。そこから、再度どのようにして新たに親子の関係を築いていくのか、その辺のところが大事な分かれ目です。そして、子どもにとっては崇拝の対象だった親が、ふつうの1人の人として、でも大切な人として見直されることになります。

おそらく、母親は名誉回復しやすいのではないかと思います。それは、おやつと食事があるからです。おいしいものを作ってくれるお母さんは、子どもにとって何よりも大切な人です。だから、尊敬もされます。でも、なかなかおいしいものは作ってあげられないお父さんは大変です。それでも、小学生は失恋しても、親を見放したりはしません。まだなんらかの形でつながりを残しておけるというのが小学生のおもしろいところです。

3 人間の生涯発達

発達心理学では、人間の一生をいくつかの時期に区分して考えます。なぜ区切るかというと、そのときそのときの精神生活が時期によって異なるからです。大雑把にいうと、胎児期、乳児期、幼児期、児童期、青年期、壮年期、中年期、老年期ということになります。私が大学の講義で使う表を次のページに示しておきます（表1）。

表にあるように、子どもは命を受けてから大人になるまでにいろいろな時期を生きていかなければなりません。そして、その時期その時期に特有の葛藤があり、葛藤の様相が発達段階を特徴づけることになります。ワロン（1941）は、それを見事に表現しています。

子どものそれぞれの段階をその全体性において考察する者にとっては、子どもの諸段階の継起は非連続的なものとして現われる。或る段階から他の段階への移行は、たんなる拡大ではなくて、やり直しである。最初の段階で優勢な活動は次の段階では少なくなり、ときには外見上消滅してしまう。この二つの段階のあいだには、しばしば、危機がはじまるようにみえるし、子どもの行為はその危機から著しく影響されることがある。だから、あ

表１　発達の時期区分

１．胎児期			～出生
(1)	胎芽		最終月経後２週で受精してから８週まで
(2)	胎児	Ⅰ期	９週から（おおむね最初の３カ月）：器官の形成
		Ⅱ期	14週から（おおむね次の３カ月）：神経系の形成
		Ⅲ期	27週から（おおむね誕生までの３カ月）：誕生の準備
２．乳児期			出生からおおむね１歳半
(1)	新生児期		誕生後の１カ月（０～27日）
(2)	乳児期	前半	臥位の時代
		後半	座位の時代
３．幼児期			おおむね１歳半～６歳
		前半	二足歩行の確立，片言によるコミュニケーション，道具の使用の出現
		後半	反抗期を経て自我の確立，協同遊びの出現，自己コントロール
４．児童期			おおむね6～12歳
		前半	学校への適応（規律や努力），認識の発達
		後半	「9，10歳の節」を経て論理的な思考の発達，仲間関係の発達
５．青年期			おおむね12～30歳
(1)	思春期		性の目覚めと大人入門
(2)	青年期	前半	職業と結婚の準備
		後半	大人としての社会参加と社会的自立，家族の形成
６．壮年期			おおむね30～45歳
			大人として成長（社会生活や職業・家族の責任を通じて）
７．中年期			おおむね45～65歳
			中年の危機（「最後」の選択）
８．老年期			おおむね65歳～
			初老の危機（価値観の転換と新たな人生展望）

たかも古い型の活動と新しい型の活動とのあいだで選択がなされなければならなかったかのように、いくつかの葛藤が成長を区切る。二つの型の活動のうちどちらか一方の型の活動の法則を被るほうの活動は変わらずにはいないし、その後では主体の行動を有効に規制する力を失ってしまう。しかし、葛藤が解決される仕方はすべての人において絶対的でもなく、必ずしも一様なのでもない。そして、その解決の仕方が各人にその人の特徴を刻みこむのである。

子どもは児童期に至るまでに、胎児期、乳児期、幼児期を生きてきます。胎児期は母体に守られ、母体に依存して生活する時期です。そこから世に出た乳児期の子どもは、泣き叫んだり微笑んだりといった表現活動を通じて、親に養育してもらうことになります。1歳半から2歳半にかけて、二足歩行や言語コミュニケーション、さまざまな道具の使用が巧みになり、子どもは自分でできることが少しずつ増え自立していきます。しかし、はじめは食事や衣服の着脱なども親に手伝ってもらわないとなかなかうまくできません。親に任せてやってもらう活動と自分1人でやる活動との間には葛藤が生じます。大人の目にはこの葛藤は反抗期とうつります。「やって」と「やらせて」、「見ていて」と「見ないで」、「来て」と「来ないで」等々、幼児期の子どもは多様な葛藤を経験します。そのことが可能なのは、家族という安定した関係があるからでしょう。

幼児期に遊びを通じてさまざまな能力を発達させた子どもは、学校という新しい場に参加することになります。学齢に達した子どもは、学童あるいは児童と呼ばれます。もちろん、学齢に達したからといって、子どもはいきなり変わることはできません。小学校低学年を担任する教員や学童保育の指導員は、子どもから「お母さん」と呼びかけられることがあります。言い間違えに気がついた子どもは照れくさそうな顔をしますが、先生は少しうれしいかもしれません。国語や算数といった教科にしても、運動会などの行事にしても、当番や係活動にしても、子どもにとっては規律や努力を迫られる課題であり、課題に応じて必要な能力を発揮することが求められます。「真面目にしなさい」とは叱られるときの常套句ですが、ある一定の時間を区切って真面目に（＝本当はやりたかった遊びへの思いを断ち切って）課題に取り組むことは、そうかんたんなことではありません。

青年期というのは、思春期以降ですから、12、13歳から始まると考えられます。いくつまで続くのかというと、多くの場合、30歳ぐらいまでです。職業に就いたり、結婚して子どもを育てたりすると、壮年期に入るといわれています。もちろん、年齢を一概に決めることはできません。30歳を過ぎても自分でこれをやっていこうとなかなか決められないこともあるでしょう。結婚しない人も増えていますし、仕事もなかなか定職を求めず、40歳くらいまで青年のつもりでいる人もいる。そういう意味では線を引くのが難しい時期ではありません。

壮年期は、30代から40代半ばにかけて人生のなかで比較的心身ともに充実し、安定した時期です。体の調子も比較的いいし、仕事も伸び盛りだし、多少失敗してもお目に見てもらえるし、そういう意味で良い時期です。

人によって違いがありますが、45歳くらいから中年期になります。腰が痛くなる、目がかすむ、記憶力が衰えて会った人の顔が思い出せなくなる、いろいろあります。でもそういう弱音を吐けない。最近はよく中高年の問題がクローズアップされるようになりました。たとえば、自殺統計をみると、かつては青年のところに大きな山があったのですが、現在は、中高年のところに非常に大きな山ができています。とくに男女差があり、山になっているのは、男性だけです。男性の中高年のところに自殺の山があります（厚生労働省ＨＰ）。これは、どうしてなのでしょうか。大学の授業で、男性の中高年の山についてどう思うか、学生にレポートを書いてもらったことがあります。すると、学生は「もう年だから」「ピーク過ぎたから」「家では子どもなんかにいじめられ、会社でもいじめられてつらい思いをしているから」など、いろいろ書いてきます。学生の側からすると、中年を過ぎたらあまり融通が利かなくて、もうそのまま老いていくという年齢に見えるようです。でも、実際中年にさしかかると、人生最後の挑戦ですから、いろいろやってみたいことも増えます。他方、しがらみがあり、思うように生きていくことができない、そういう重いものがのしかかってくる年齢でもあります。葛藤ですね。女性はどうかというと、中年期を迎える前後になると、わが子が第二反抗期の中学生ぐらいのことが多いし、自分の親も体がだいぶ老いてきて面倒をみなければならないことも出てきます。そういう意味では、家族のなかで女性が支えになって、子どもたちや老人の世話をしながら自身の中年期を乗り越えていくという面があると思います。そして、退職後65歳くらいから老年期を迎えることになります。

4 児童期の特徴

●自己規律

表1の幼児期の欄には、「反抗期を経て自我の確立」「協同遊びの出現」「自己コントロール」と書かれています。このような機能や活動は、遊びのなかでもっとも発揮されます。たとえば、「自己コントロール」を取り上げると、ご飯のときに待てない幼児であっても、かくれんぼ遊びのときだと、じっと隠れて待つことができるようになってきます。

ところが、児童は同じ自己コントロールでも、遊びのなかではなく、勉強のなかで自己コントロールしなくてはならないという新しい課題に直面します。ベルを合図に、授業時間と休み時間が交替します。一つの授業が終わると、次の授業に備えなければなりません。そういう意味では、時間配分を理解して、自分で規律をつくっていかざるをえません。発達的には、子どもにとってこれがかなり難しいわけです。学校に入る前に、「字をこれだけ練習しましょう」とか「計算はこれくらいできればいいですね」とか、勉強のことを言われる方は多いのです。しかし、これは子どもの発達からすれば、あまり大きな課題ではありません。むしろ問題になるのは、この自己規律とか、自己コントロールということです。

授業が始まります。でも、だいたい2、3分するともう飽きてきます。すると、隣の子を突っつき始めたり、立ったり、おしっこに行きたくなったり、いろんなことが起こります。1人がそうなると、別の子どもも連鎖反応のようにそわそわしていきます。そういうときは、先生の腕の見せ所です。自己規律は我慢ではないので、我慢させようとすると、かえってそのことばかりが気になり、落ち着かなくなってしまいます。

子どもが一定時間姿勢を保つためには、なんらかのイメージに支えられる必要があります。誇り高き小学校1年生のイメージは、入学当初から内面化されているわけではありません。「大きな声を出して」というよりは、「お星様に声が届くように」と言ったほうが、子どもにイメージが伝わります。先生による言葉かけが、声を出すときのイメージの内面化を助けます。同様に、「きちんと前を見なさい」と言うだけでは、学習のイメージはなかなか伝わらないでしょう。また、自己規律にイメージの内面化が必要だとしても、その方法は、子ども1人ひとり違うはずです。そうすると、どういう子どもに対してどういう言葉かけがどういう効果をもつのか、発達的視点からの検討が必要でしょう。

●認識の発達

子どもに「雨って何ですか?」と聞いてみてください。そうすると、子どもはしばらく考えて、「雨って風」と答えたりします。「じゃあ、雨と風って同じなの?」と聞くと、「ちょっと違う」と言います。もう一度「雨って何なの?」ってきくと、やっぱり「風」とか「木の葉」と答えます。

子どもの心のなかで何が起こっているのでしょうか。おそらく、その子どものなかで、雨と結びついているのは、風であったり、木の葉であったりします。だから、雨のことを考えようとすると、風が思い浮かんできたり、木の葉が思い浮かんだりするのでしょう。

小学校高学年になってくると、「雨って何?」ときかれると、「水だよ」というように、概念的に考えて答えを出すことができるようになります。しかし、小学校に入ったばっかりの頃は、なかなかこうはいかないのですが、そこがまたおもしろいところなのです。

たとえば、「お母さんってどんな人?」と聞きます。小学校3、4年生くらいになると少し考えて(実は聞かれてすぐさま答えるのではなく、少し考えてから答えるということには発達的な意味がありそうです)、「やさしいよ」などと答える子どもが多いようです。ところが、低学年はそうはいきません。「うちのお母さん、デブだよ」「このあいだね、お父さんとけんかしちゃったんだよ」「泣いちゃったよ」「いま家出しちゃってる」などと次々に答えます。話がおもしろくなってくると、ウソとホントの区別がつかなくなることもあります。

幼稚園から小学校1、2年にかけての子どもは、「ウソを言うためのウソ」というのではないことが多いようです。話しているうちにだんだんそういうふうになっていってしまうのです。つまり、子どもからすると、はじめはお母さんのことを答えようと思っていたのに、突然この間お父さんとお母さんがけんかしたことを思い出してしまう。さらに、テレビで見ていた番組で、両親がけんかして母親が家出したシーンを思い出して、母親と父親がけんかしたことと、家出しちゃったこととが結びついてしまう。「なんて私はかわいそうな子どもなんだろう」と思い込んだり、そこまではいかなくても、結構まじめに話をします。そうするとそれを聞いた人はハラハラして、「この子どものうちでは大変なことが起こっているんじゃないかしら?」と思う。しかし、親に確かめてみると、両親ともふつうに暮らしている。だから、迂闊《うかつ》には信じられないですね。

児童期の子どもは具体的なイメージを生き生きと描くことが得意です。ただ、描いたイメージをコントロールできず、イメージに圧倒されることもよくあります。

小学校低学年の子どもたちは、いろいろ想像するようになります。急にお姫様になったり、怪獣になったりして、1人でニコニコ笑ったりしていることがあります。気味が悪いかもしれませんが、それが小学校低学年の楽しみ方です。そういうことに直面したときも、「ウソじゃないか」とか「君はこのままじゃうそつきになるから、正しいこと言いなさい！」などと言っても、子どものほうは混乱していますから、効き目がありません。叱られると言わなくなるだけです。

言わなくなるということはいいことではなくて、頭のなかは混乱が継続することになります。むしろ、そういう話を「ふん、ふん」と言いながらじっくり聞いてあげると、子どもは気づきます。「あ、この話はテレビの話だった」というように。そうやって、自分で整理していくことが必要なのです。それがこの「認識の発達」ということではないでしょうか。

●9、10歳の節

発達心理学のなかで、「9、10歳の節」と言われている現象があります。小学校4年生ぐらいから、認識の発達の面で大きな変化が現れます。概念的思考が発達し、「雨とは何か」と聞かれて「水だ」と判断できるようになっていきます。これは、知識が増えるだけではありません。豪雨も五月雨《さみだれ》も氷雨《ひさめ》も、どんな雨であっても、成分としては水であると考えることができるということです。あるいは、雨も氷も水蒸気も実は共通の実体があって、それが水であるという思考が可能になるということです。正確にいえば、「経験する事象を、本質と現象に分け、ある現象を共通する本質の現れとしてとらえる」ということでしょうか。もちろんこうした考え方が本格的に始まるのは青年期ですが、小学校4年生は生き生きとしたイメージの支えがあって思考が始まるので、概念的思考の端緒だと考えられます。それに応じてか、算数や理科などの教科書も急に難しくなります。

ここで一つ問題が起こります。小学校4年生には分数なども難なく理解する子どもと、まだ具体的な経験が必要で、抽象的なことは理解しにくい子どもとがいるということです。次から次へと新しい課題、概念的思考を要する課題を出されたとき、それについていける子どもとまだもう少し待ってほしい子どもとがいるということです。小学校高学年になると「学力差」のように見えますが、実は発達の違いがもとになっていることがあります。子どもの発達に応じて待ってあげること、これが子どもにとっては必要です。子どもの立場からすると、ある教材について4年生の1学期に理解しても3学期に理解してもたいした問題ではありません。人生80年のうちの数カ月の違いですから。むしろ、問題なのは、学習させる速度であって、それが細かく区切られていて、1カ月単位、2カ月単位でしばられていることです。「今年1年の間にわかるようになればいいですよ」と言われれば楽なのですが、「今月中に理解できなければいけません」と言われると、どうしてもそこでついていけない子どもが出てきます。

ついていけない子どもたちに無理をさせるよりは、いまもっている能力でいっぱいものを考え、楽しく想像することのほうがきっと意味があります。まだ論理的な思考ができないということは、逆に言えば、いろいろなイメージをわかせて楽しめるということです。ニヤニヤ笑っている子どもに「いま何していたの?」などときくと、「怪獣が来て、僕と握手してくれた」などと言ったりします。そんなことは小学校高学年になってくるとなくなります。まだ低学年の子どもだから思えるのです。そういうときを楽しんでおくことが、将来いろんなことを想像するうえで、財産になります。

発達の時期区分や発達段階は、早く次の時期、次の発達段階に進ませようというためにあるわけではないのです。その時期その時期で子どもが一番楽しめることは何だろうか、ということを考えるための糧にしたいものです。

●ギャングエイジ

ギャングエイジというと、悪い言葉に聞こえますが、子どもにとっては大人から自立していくうえで大事な過程です。ギャングエイジは、もともと社会学(シカゴ学派)によって研究されました。ファーフェイは文字通り『ギャングエイジ』という題名の本を公刊しています

(Furfey, 1928)。思春期に入りたての子どもたちが、親の目を盗んで徒党を組み、いろいろなことを引き起こすということがありました。彼らは、実際のギャングや不良ではありませんが、へたをするとその予備軍になりかねないような行動をとっていたのです。しかし、結婚する年齢になればみな、ギャング的な集団から足を洗い、まっとうな暮らしをするようになりました。つまり、一過性の現象でした。ギャングエイジの年齢についてはいろいろ混乱している話もありますが、正確にいうと、ギャングエイジというのは、年齢的には12、13歳前後のことです。たとえば、4、5人の男の子で隠れ家を作って、親には絶対内緒で、先生にも言わないで、そこでいろいろなことをやる時期を指します。大人には見せてはいけないものを読んだりとか、昔の子どもだと、酒とかたばことか飲んだりしました。そういうわるさをしながら、自分たちの世界をつくっていくわけですね。「スタンド・バイ・ミー」という映画がありますね。主人公をはじめ12歳の4人がつくっているのが、ちょうどこのギャングエイジの世界なのです。

学童保育の多くの子どもたちは小学校低学年ですから、まだここには至りません。むしろ、大人が見ていてくれると思うと安心します。いくら「秘密」といっても、「ちょっと教えて」と言うと、話してしまいます。それが、もう一つ上の年齢になると絶対に話さなくなります。

●秘密

秘密を守るということは、子どもの発達に重要な意味をもっています。人の秘密は知りたいものです。他人の秘密にも関心があるわけですから、まして親は自分の子どもの秘密を知りたい。しかも、教えないと言われると、よけいに知りたくなります。子どもは、多くの場合たいしたことを秘密にはしません。「今日は穴掘って遊んだ」とか「だれだれが悪口言った」とか、そんな程度のことです。

しかし、「秘密にした」ということが、子どもにとっては、一歩成長したことになります。秘密の内容よりも秘密をもったということ自体に価値があるのです。秘密をもつということは、なんでも自分のことを出してしまうのではなく、「このことは、自分だけ」あるいは「自分の友達だけが知っている」というような人間関係をつくっていく出発点です。家族のことを全部近所の人にばらされてしまったら大変です。やはり、家族だけの秘密にしてほしいことがあります。でも、小さい頃はそうもいきません。保育所の先生、幼稚園の先生は、家のことをよく知っている。聞かなくても聞こえてくることもあります。ところが、小学生ともなると、少しずつ、「これは家族だけのこと」「これは先生だけとのこと」と分けていきます。そうして、自分の人間関係を区分けしていくのです。同時に、自分のパーソナリティも多面的にしていきます。

だから、秘密をもったときには、白状するよう迫ってはいけません。そうすると、子どもはさまざまな人間関係をつくっていくきっかけを失うことになります。そして、かえって隠れて悪いことをする方向に追い込まれていきます。だから、日々の秘密は大切にしてあげてほしい、「秘密をもつことができた」ということを大事にしてあげてほしいと思います。

ただし、注意しなければならないのが、秘密のなかには本当は言いたい秘密もあるという点です。秘密という心理は不思議な心理で、秘密は実は言いたいことでもあります。噂を流す楽な方法は、「秘密だよ」と言って話すことといわれています。秘密とは他の誰かに言いたいことでもあります。まして子どもは大人にいろんなことを聞いてもらいたい。とくに、自分が悪いことをした、たとえば、他人のものを取ってしまったとか、誤って友達にケガをさせたとか、友達が傷つくような悪口を言ってしまったとか……同じ秘密でも、実は聞いてもらいたい秘密があります。いつまでもそれを心のなかに抱えておくと、自分のなかに罪悪感だけが残っていって、自分が悪いとか、情けない気持ちでずっと過ごすことになってしまいます。そのような場合の秘密は聞いてあげることが大切です。

では、どの秘密は聞いてあげたほうがよく、どの秘密は聞かなくてもいいのかという話になりますが、普遍的な規則があるわけではありません。結局のところ、大人の経験と勘に頼らざるをえません。同じ秘密といっても、子どもがウジウジしていて本当は聞いてもらいたがっているような場合と、これは友達との約束ということで安心して任しておける場合と、その辺の区別をつけながら、子どもの秘密を尊重していくことになります。

5 児童期から青年期へ

●児童期から青年期への身体の変化

児童期の子どもというのは、おおむね外に目が向いています。だから、「世界で一番大きな動物は何だろう?」「一番速いものは何だろう?」というように、外の世界についていろいろ知りたがります。そして、怪獣のカードなどいろいろなものを集めたがります。かつて、ある子どもの母親から大丈夫だろうかと相談されたケースの話です。子どもの机の引き出しを開けたところ、乾燥した蛇やトカゲがいっぱい入っていて、仰天したということでした。そういうのが好きな子もいます。「スタンド・バイ・ミー」のなかでも、たしか日干しになったカエルか何かを持って、自慢していた子どもがいました。かつての男子の文化のなかにはよくありましたが、最近はだいぶん少なくなってきたようです。しかし、学童保育のなかには、結構そういう文化が残っていて、校庭や運動場沿いに日がな1日蜘蛛《くも》やトカゲなど集めている子どもがいます。

ところが青年期に入ってくると、外に向かっていた関心が、内側に向かっていきます。これは、身体が変化してくるから、否応なしです。声が変わってくる、体つきが変わってくる、生理がはじまる。そうすると、自分のことを考えざるをえなくなってきます。「自分ってどんな人間なのだろうか」「人からどんなふうに思われているのだろうか」と思い始めたときに、12、13歳の知性が、それを考え悩み解決していきます。ところが、ここで問題だと思われるのは、現代では身体の変化が少し早く起こることです。身体の変化が中学2年のときに起これば、そのときの知的な力で考えることができますが、小学校4年生のときに起きるとそうはいきません。いらいらしたり、怒りっぽくなったり、感情的に爆発したり、勉強するのがいやになったり、そういう現れ方をすることがあります。ここにいまの小学校高学年の子どもたちをめぐる難しさの一つの根拠があるのではないでしょうか。学童保育も、高学年の子どもを受け入れているところでは、この高学年の性をめぐる問題が当然起こってくるのではないでしょうか。

●児童期は幼児の心理も青年の心理もあわせもつ

区分としては児童期というのは一つの時期なのですが、細かく見てみると、幼児的な発達段階も残っているし、青年期的な発達段階もかぶさっているし、発達段階の面から見てみると、結構複雑な時期です。一見穏やかそうに見えますけれども、子どもの心のなかではいろいろ揺れ動いている、そういう時期だと考えたほうがいいと思います。

たとえば、抱っこしてほしがる子どもがいます。膝の上へすぐ来て甘えたがる。幼児だったら、まだかわいいし、体重も軽いから楽です。ところが、小学生になったような子どもが「抱っこして」ってべたべたしてくると、重たいですし苦しいですし、なんだか奇妙な感じがします。でも、子どもの心の面からすると幼児的なところがまだ残っていて、まだまだ甘えたい。それが、言葉で甘えるなど、もっと小学生らしく甘えられたらいいのですが。

同じ子どもでも、甘え方が上手な子どもと、苦手な子どもがいます。多くは家庭のなかでどういうふうに甘えてきたかとか、その家庭のなかの経歴によって甘え方は違ってきます。ところが、学童保育をやっている側、あるいは学校の側からすると、そういう家庭のことは見えませんから、びっくりするということになります。どう対応していいかわからなくなってしまうこともあります。しかし、大人の甘えでもないし、幼児の甘えでもないし、小学生の甘えなので、それをどのように受け止めて、どのように子どもの心のなかに返していくかということが大事になってきます。家庭とのコミュニケーションも必要になってくるのではないかと思います。

●各年齢層の臨床的問題

子どもは、ふつうに育っているように見えても、いろいろな行動問題を現しながら成長していきます。「発達の転換期」である6歳頃と10歳頃と12歳頃には、いろいろな症状を示しやすいといわれています。たとえば、6歳では、「寝つきが悪い」「夜おびえる」「些細《ささい》なことにこだわる」「ものを汚がる」「いちいち確かめないときがすまない」「いちいち親に聞いてから行動する」「人前で小さくなる」「人に見つめられると足が動かなくなる」「落ち着きがない」「やんちゃ」「根気がない」……こういうことが起こりやすいと言われています（依田・東編、1970）。人間にはいろいろな質《たち》や性格があり、それを表に出しながら成長していきます。

たとえば、神経症的な症状の出やすい人は発達の節目節目でそれを出しながら成長していきます。ある子どもは、4歳頃は爪噛《つめか》みを盛んにするとか、6歳頃は学校の帰り道に白い線が引いてあると、どうしてもそこをきちんと渡っていかなければきがすまないとか。9歳頃は迷信的なことを気にするとか……発達の変わりめごとになんらかの症状を出して、「順調に」成長していきます。もちろん、そういう神経症的な症状のまったくない人もいます。「靴なんてどっちから履こうがかまわない」「手を洗ったかどうか忘れてしまう」「おやつや飴《あめ》を落としてしまっても平気で拾って食べる」「人の口に入っている飴を奪って平気で食べる」等々。

小学生になると、家庭中心の生活から学校や学童保育の生活に急に変わるわけですから、不安になりやすい質の子どもは、次々と不安に見舞われることになります。あるいは、子どもによっては、人前で小さくなったり、落ち着きがなくなったり、逆にやんちゃとか暴れたりします。そういうことを表しながら成長していくわけです。

考え方の問題ですが、こういうことを表してくれるというのは、ある意味で周囲に対して心を許しているということでもあります。学童保育では学校の緊張からやっと解放されているわけで、そのときにいろいろなことが起こります。お漏《も》らしする子どももいます。それはとても大切なことなのですが、そういうときに「なんでもないことなんだよ」と受けとめてもらったり、そっと隠れてパンツをかえてもらったりして安心できると、「あ、このままでもいいんだな」と思えて、お漏らししたことも気にならなくなります。気にならなくなると、いつかは忘れ去ります。

ときおり、学童保育で指導員にかみつく子どももがいます。かみつきは保育所の1歳児クラス（1歳児と2歳児を一緒にして未満児クラスと呼ばれる場合が多い）ではよく起こります。にこにこしながら友達に近づいて、「ガブッ」とやる子どもがいます。ちょうど言葉を覚えはじめるとき、かみつくのが好きになる子がいるんですね。やられたほうは大泣きするのですが、やったほうはなぜ泣いているのかわからない。「ぼくは○○ちゃんが好きなんだけど、近づいてほっぺたを見てたら口に入れてみたくなり、ガブッとやっただけなの」という感じですね。ところがかみつかれたほうは大変です。こういうときは先生から「かみつくんじゃなくて、握手すればいいんだよ」とか「頭なでなでしてあげよう」とか言ってもらえると、やがて別の行動に切り替わっていきます。小学生の場合も同様な面があります。ある行動を禁止しようとするよりも、「こういうふうにしたらいいんだよ」と別の行動を示してあげることが大切ではないでしょうか。

6 子どもの権利

「子どもの権利」という言葉を聞いたことがありますか。私たちはふだん、子どもの行動の事実を記録し集めています。それを年齢別に分類したり、発達的な意味について検討したりしています。子どもの行動を大人の視点から、未熟であるとか誤っているとか決めつけるのではなく、子どもにとっての意味を探ろうとしています。そのとき基準にしているのが、「子どもの権利」です。

子どもの権利条約は１９８９年に国連総会で採択され、その5年後１９９４年日本の国会で批准されました（児童の権利に関する条約）。現在、締約国・地域の数は１９３。未締約国は2カ国（ソマリアとアメリカ合衆国）です（ユニセフ）。子どもにかかわる施策の基本として認められています。ユニセフでは、子どもの権利を四つの柱「生きる権利」「守られる権利」「育つ権利」「参加する権利」に整理しています。

「子どもの権利」について、私は堀尾（1986）に学びながら、発達心理学の立場から大きく3つの発達的内容を考えています。

●人権

一つは「子どもも人間である」という権利、つまり、人権です。「子どもだから」「子どものくせに」と頭ごなしに制限するのではなく、子どもにも大人と同様人権を認めようという視点です。もちろん子どもですから、お酒は飲めないとかたばこを吸えないといった当然の制限もありますが、必要以上に子どもはさまざまな制限を受けています。「子どもだからこうしなきゃいけない」という制限がある。あるいは、プライバシーが守られないということもあります。こういう人として当然の権利を守っていくことが大事なんだというのが子どもの権利条約の主張でもあります。子どものときにしっかり子どもの権利、人権を自分のものとして使えるようになっていって、はじめて、大人になってから大事な権利を守っていく社会を築けるのだということからも、子どもの権利ということが主張されているのです。

このなかで私たちが注目しているのが、内面の自由とか、表現の自由にかかわることで、「思ったことが言える」「思わないことや言いたくないことは言わなくていい」ということです。

勉強してわからないことがあった。そうしてわからないときには「わからない」と言える。先生の言っていることが違っていると思った。そうしたら「違う」と言える。自分の思い方に正直でいられるということです。それから、「こんなこと言うとみんなに馬鹿にされちゃうだろうからいまは言いたくない」あるいは「言えるまで待ってほしい」と思っているときは、無理に言わなくていい。

大人の間ではそういうことは当然です。ところが、子どもであるがゆえに、「ちゃんと言いなさい」「そんなことを思ってはいけません」と制限される。しかし、「思うな」と言われれば言われるほど、思ってしまうものです。同様に「人の悪口を言っちゃいけない」「人を悪く思っちゃいけない」と思えば思うほど、悪口が口をついて出てしまったり人を悪く思ってしまったりします。

子どもたち同士は好きになったり嫌いになったりします。でも、人を嫌いになることはいけないことだから、「嫌いになってはいけない」と言われると、子どもはますます心のなかにためていきます。しかし、考えてみたら、思うことは自由なのです。人を殺したいと思うことさえ、本当に殺さない限りは犯罪にはなりません。それと同様に、子どもは友達を嫌いだと思っても、そうやって思うこと自身は別に罪でも何でもないわけです。むしろ、そういうふうに思ったり、好きになったり嫌いになったりしながら、人間は成長していきます。だから、思うことは認めてあげたい。さらに、それを適切な形で表現することによって、子どもは自分の思っていることについて反省し、「これはまずい」ということも自然にわかるようになります。

学童保育はどうでしょうか。子どもは、きわどいというか、気分にムラがありますから、たとえば、ある指導員の先生が好きだと思って、神様のように崇拝していたと思えば、ちょっと何か一言言われただけで「大嫌いだ。あんなやつ消えてなくなればいい」ということになります。極端です。大人は、人に対してある程度固定したイメージをもっていますから、「あの先生がこういうことを言っても、あの先生には何か考えがあるのだろう」というような配慮があります。子どもにはそのような配慮はほとんどないので、そのときがすべてです。だから、好きになったり嫌いになったりします。そうやって揺れながら、そして自分のなかにも好きな面や嫌いな面があることを見つけながら、やがて大人になっていきます。そうした発達過程にありますから、子どもがいろいろ言っても思っても、子どもと一緒になって動揺しないようにしたいものです。

子どもは「お母さんなんか嫌いだ」「お母さんなんかいなきゃいい」と言うことがあります。でも、夕ごはんでおいしそうなごちそうが出てくると、「お母さん大好き」ということになります。指導員の先生に対しても同じだと思います。「嫌いだ」と思っても、遊んでくれると大好きになる。そういう繰り返しのなかで子どもは成長していくのだと思います。そういう意味で子どもの人権が守られなければなりません。

●こども権

次に、これはあまり言われていないことなのですが、子どもには、子どもとして生きる権利つまり「こども権」があります。子どもらしく考え表現する、そのようなことができるということです。私たちが人生を振り返った場合に、子ども時代の楽しい思い出がいっぱいあります。日が暮れるまで遊んだ、どろんこになった、誰々と思い切りけんかをした、柿を盗んだ、腐ったトマトで戦争ごっこをやった、人相の怪しい人をつけてスパイごっこをやったというように、いろいろなことが思い出されます。そういうことが、いっぱい楽しい思い出として残っています。それは、子どもには「子どもの世界」が認められていたからではないでしょうか。

私は東京で生まれ育ちましたが、当時は空き地がそこら中にあり、道も車がほとんど通らず、子どもには多くのことが許されていました。たとえば、遊んでいてのどが渇きます。そうすると、知らない家でも遊んでいる場所の近くの家に入って「水ください」と言えば、水をもらうことができました。ときにはお茶をもらったり、お菓子までつけてもらったりすることもありました。もちろん、ボールが畑に入って叱られたり、投げた石で家のガラスが割れて怒られたりすることもありました。叱られることもありましたが、許されてもいました。つまり、子どもは悪いこともし、失敗もしながら、それを大人から叱られながら、成長していくものだというおおらかな見守られ方が地域にあったのではないでしょうか。

いまは近所で水を飲ませてもらう子どもはあまりいなくなりました。かわって、自動販売機で飲料水を買うようになりました。黙ってお金を入れてほしい物を手に入れるという行為と、大人と交渉しながら成功したり失敗したりする行為とは、いったいどのように違うのでしょうか。学童保育では、遊びや生活のなかで子どもと指導員とが交渉しなければならない場面がたくさんあります。子どもは、指導員の忙しさや機嫌を伺いながら、おやつの時間を早めてもらったり、冷たい飲み物を出してもらったりするために、「駆け引き」をすることになります。そして、うまくいくときもあればうまくいかないときもあることを知ります。もちろん叱られることもあれば諭されることもあります。指導員も子どもの様子を見ながら手加減することになります。

ある学童保育で、クリスマス会で何をするか子ども同士で相談させたら、「まくら投げ」が一番人気だったそうです。親も招待するようなクリスマス会がまくら投げ大会になってしまうかもしれないという事態に直面し、指導員はさぞかし困ったことでしょう。しかし、こういう提案が出てくるところが子どもらしいところであり（おそらくいままで経験した集団遊びのなかで「まくら投げ」が一番楽しかったのでしょう）、その学童保育ののびのびとした雰囲気を示しているのでしょう。「ひょっとしたらやらしてもらえるんじゃないかな」と期待をもって、一応意見として出してみる。しかし、冗談じゃないと大人から叱られる。そのようななかで大人の意見も受け容れて、楽しいクリスマス会をつくっていくということが、子ども時代の特有の権利ではないでしょうか。

●発達権

三つめは「発達権」です。子どもは大人を乗り越えていきます。人間の歴史は、大きく見たら進歩の歴史です。何万年、何千年という単位で見れば、進歩です。では、どうして進歩してきたかというと、子ども世代が大人の世代を乗り越えてもっといい社会にしてきたからです。このことに関して、本書同様、河崎（河崎編、1983）が重要な事実を指摘しています。

子どもは大人を乗り越えながら成長していきます。このことに大人はもっと謙虚になる必要があります。大人が偉くて子どもは下だと見下すのではなくて、「きっと子どもたちのなかには自分たちを越えていく新しいものがあるんじゃないかな」という期待をどこかでもっておくことが必要だと思います。

そう思って見ると子どもが大人を乗り越えていることが結構あります。たとえば、携帯電話です。最近の若者たちは、どこでもいつでも電話できるようです。私は電話が苦手で、場所や時間を選んで、重たい気分を引きずりながら電話するのですが、若者たちはまったく身構えることなく電話することができます。高度な会話のスキルではないでしょうか。また、パソコンを使って、顔も知らない人とチャット（コンピュータ上で文字、動画を用い複数の参加者がリアルタイムで行うコミュニケーション方法）もできます。それは彼らが新しいスキルを身につけているからだと思います。3歳児のままごとで、かごをぶら下げて買い物に出かけたお母さん役の子どもが「あっ、忘れ物しちゃった」と言いながら家に戻って来る場面に出会ったことがありました。お金を忘れたのかなと思ってみていたところ、それはケータイでした。それから、すでに10年以上経っています。

さまざまな新しいコミュニケーション手段を使えるというのは進歩ですが、それがどういうふうに使われるかという点で、心配は絶えません。大事なコミュニケーション手段であるパソコンや携帯電話も、いじめや援助交際の道具に使われてはたまったものではありません。「子どもの最善の利益」という観点が必要です。子どもは大人世代を乗り越えるということを認めながら、同時に大人が口出ししたり手助けしたりするということが必要です。学童保育に何を持ってきてよく、何は持ってきてはいけないかということも「子どもの最善の利益」という視点から見きわめることが必要だと思います。

7 学童保育の日常生活の意味

●おやつを準備する

子どもが学校から帰ってきます。子どもはまず、おやつがほしいと言います。「おやつ」にはどのような意味があるのでしょうか。おやつを食べると、おなかが満たされます。栄養もつきます。しかし、子どもにとって、それだけの意味でしょうか。学校から帰ったときに、子どもはなぜおやつをほしがるのでしょうか。

おやつを食べることによって、子どもは緊張から解放されます。子どもは学校でストレスを受け、緊張したり、興奮したり、疲労したりして学童保育に戻ってきます。そこでおやつを食べることによって、そういう興奮や緊張から解き放たれるのではないでしょうか。そう考えていくと、おやつの内容についても、予算や量だけでなく、「子どもの緊張や興奮を解いていくものは何かな?」と考えることも必要になります。ちょっとうれしい気持ちになって気分の切り替えができる、そういう内容のおやつがあることが大事です。

学童保育では、学校の給食や行事なども考えながら、どういうものをおやつに出せばいいのか検討します。毎日のことなので面倒でもあります。しかし、おやつには深い思慮をもって検討する価値が十分あります。言い換えれば、そこまで考えることが指導員の先生たちに要求されていることになります。学校のいろんな取り組みに合わせながら、「きっと子どもはこれを食べたらほっとするだろうな」とか「子どもと一緒におやつ作りをしたらおもしろいだろうな」とか、そういうことを考えながらおやつを位置づけていくことが大切でしょう。学童保育から家に帰って、おやつの話ばっかりする1年生がいます。おやつというのは、それくらい意味があるのです。

●子どもの話を聞く

子どもによっては、その日にあったことをいっぱい話します。母親にも、学童保育の先生にも話します。こうした話を聞いてもらうことは、子どもにとってどういう意味があるのでしょうか。多くの場合、子どもは学校で受け身の場合に立たされています。1クラスに子どもが30人いるとします。それに対して、先生は1人です。子どもたち1人からたとえ5分ずつでも話を聞こうとすると、150分かかります。担任の先生が子どもから話を聞くために、2時間半をひねり出すということはほとんどできません。学校で、子どもは話を聞いてもらう機会に乏しいのです。そして、長い時間小学生として学習し生活するという緊張に耐えて、学童保育に戻ってくるわけです。これは学校に問題があると言っているわけではありません。学校で小学生らしく振る舞うことは子どもにとって誇りでもあります。でも、素晴らしい学校や先生に恵まれていても、そこでがんばって勉強することで、子どもは疲労します。

そうすると、主体性や能動性を取り戻したいのですね。自分が主人公なんだという感じを取り戻したいわけです。だから、子どもは一生懸命話します。でも、壁に向かって話していてもおもしろくなくて、やはり聞いてくれる人が必要です。聞いてもらうことによって、自分を取り戻していけるのです。もちろん、学童保育では遊ぶことに夢中で、話は家で親に聞いてもらう子どももいます。他方、家では親が忙しそうで、話しにくい子どももいます。そういう子どもには、なんとか時間をとって子どもの隣に座って聞く、学童保育でもやっぱり聞いてあげることが必要です。そうなると、1人の指導員では到底できません。指導員が1人しかいなくて、その人が話を聞いていたら、おやつの用意など他がまわりませんから。学童保育には複数の指導員が必要という根拠は、ここにもあると思います。子どもが大勢いるから、複数の指導員が必要なのではなくて、学童保育である以上そもそも複数の指導員が必要なのではないでしょうか。学童保育は、子どもが主体性を取り戻す場でありたいものです。

●一緒になってはしゃぐ

放課後妙に、はしゃぐ子がいます。おしゃまになったり、踊ってみたり。この「はしゃぐ」ということも、緊張状態から解放される過程で、なかなかよい方法ではないでしょうか。大人でいえば、カラオケに行って歌を歌うというようなことです。はしゃいでいるときに親や指導員は子どもを暖かい目で見てあげているでしょうか。「何また馬鹿やってるんだ」という冷たい目で見ると子どもは気づきますから、なんだか自分がいやになったり、「俺は馬鹿だなぁ」と思ったりします。これではストレスの解消にはなりません。むしろ、子どもに付き合って一緒になってはしゃぐぐらいでもよいのではないでしょうか。

●子どもの文化を知る

子どもの最新の文化にはなかなかついていけません。子どもの間でどのようなテレビ番組が流行っているのか、人気のアイドルは誰か、みんなが読んでいる漫画は何か等々知っていますか。しかも流行の入れ替わりは結構早いので、いつもアンテナを張っていないと時代遅れになります。トレーディングカードアーケードゲームが一世を風靡した時代、男の子は「甲虫王者ムシキング」、女の子は「おしゃれ魔女　ラブａｎｄベリー」に熱中していました。勝つとカードをもらえるので、子どもは必死にカードを集めようとします。児童期の子どもの収集好きに照準を合わせたゲームですね。

現代の子ども文化の特徴は、流行を仕掛ける側があり、流行を手に入れるためにはお金がかかるという点にあります。しかも、テレビゲーム機やゲームソフトにしても、子どもにとってはかなり高額な商品です。また、流行を仕掛ける側は真剣です。ゲームであろうと、本であろうと、アニメであろうと事情は同じです。しかも、ただ売れればいいというわけではなく、子どもがいかに楽しんでくれるかを考え、「子どものため」を考えて制作しています。これに対して、大人が知りもせずに否定的な態度をとっても、なかなか子どもに受け入れてもらえず、子どもは隠れて楽しむことになってしまいます。

学童保育では、1人でゲームをしたり本を読んだりするのではなく、みんなで一緒に遊んでほしいと思っている場合が多いかもしれません。大人として、子ども文化の価値について見識をもつことは大切です。しかし、一方的に「私はゲームをする子どもは嫌いです」と伝えるより、より価値のある文化（遊びも文化の一種です）を子どもに提案し、魅力によって引きつけたいものです。

親も同様です。テレビ番組などは、ドラえもんや戦隊ものも子どもと一緒に見たらいいと思います。親は忙しさにかまけ、ついついテレビに子どもを任せておいて、その間に家事や仕事をやってしまいます。そうすると、子どもの文化と親の文化とがだんだん離れていき、ついにはお父さん、お母さんは、話のわからない人になってしまいます。たまには子どもと一緒に並んで、一見ばかばかしいようなテレビでもビデオでも本でも経験するということが、大事なのではないでしょうか。子どもが好きだと言うものは、きっと何か子どもを引きつける魅力や楽しさがあるのでしょう。

●片付けにも意味が

ふだん子どもは片付け嫌いなのですが、ときとして喜ぶこともあります。1人で、あるいは他の子どもや指導員と一緒に片付けをするなかで、部屋の整理と一緒に心の整理をすることがあります。子どもが不機嫌でどうしようもないときとか、エネルギーをなくしてしまって何もやる気が起きないときに、「一緒に片付けようか」と誘われて手伝っているうちに、子どもが自身の気持ちの整理をつけているということはありませんか。

このように考えていくと、日常生活のなかの行為は、子どもにとってさまざまな意味があることがわかります。そして、同じ行為であっても、それのもつ意味は個々の子どもによって異なり、それぞれ独特の意味があると思います。学童保育の指導員は、日常的な行為のもつ意味を理解する機会に恵まれています。多くの場合、指導員は複数いますから、「この子ども、こんなことをしていたけれども、どうだろうか?」「ずっとはしゃいでいたけれども、どうしてだろうか?」と、つき合わしていくなかで意味を確認できます。指導員会議においても、子どものさまざまな出来事を出し合いながら、その意味を探っていくということが一つのテーマになるでしょう。

8 親、指導員とのコミュニケーション

学校、学童保育、家庭それぞれで異なる子どもの姿。子どもというのは七変化で、出る場所によって姿が違います。学校ではとてもいい子なのに、家で発散している子がいます。逆に家ではものすごいいい子なのに、学校で発散している子どももいます。それから、学校や家で発散しきれずに、学童保育で暴れる子もいます。子どものほうから見ますと、いい子にする場も必要ですし、発散する場も必要です。後は、その配分やバランスの問題です。ところが、それがトラブルのもとになりやすい。「家ではこんなにいい子なのに、言うこともきくのに、なんで学童保育では言うことをきかないのか?」「それは先生の指導が悪いのではないか?」などと、言われることがあります。あるいは学校で大暴れすると、「この子はちっとも言うことをきかない。家庭がひどいんじゃないか?」と思われることもあります。ところが家庭ではいい子だったりします。そのときに、全部をいい子にしようとすると子どもは息切れしてしまいます。だから、全部にいい子どもを強いるのは、してはまずいわけです。本来でいえば、家庭のなかでもいい子でいるときもリラックスするときもある。むしろリラックスするときが多いほ

うがいいわけです。

学童保育もそうです。ときにははしゃいだり悪口を言ったり、いろんなことをしてもっともっと発散したいことがあるわけです。学校もそうです。その辺の事情をお互い出し合って、きちっと認めていくということが大事だと思います。「学童保育と学校との間で子どもはバランスをとっている」ということをふまえて、子どもの多様な姿を出し合って、相互に認める環境が求められます。お便り帳を出しているところもあるでしょうし、ニュースを発行している場合もあるでしょうし、直接親と話していることもあるでしょう。いろんな媒体を通してコミュニケーションをはかっていくことが必要ではないでしょうか。

指導員にもそれぞれ得意な分野があるし、苦手なこともあります。勉強もよく教えられるし遊びもよく指導できる、おやつもおいしく作ることができる、そんなふうに1人で全部できたらすばらしいですが、実際は困難です。少しずつ得手のところを出し合い、不得手なところはカバーし合いながら生かし合いながらやっていくわけですから。自分の欠点は早めに出してしまって、子どもにあきらめてもらい、子どもに手伝ってもらう。そういうふうにすると、肩の荷がおりて指導員という仕事が少し楽になってくるのではないでしょうか。

（福山市立大学　教育学部教授●田丸敏高）

9 学校と学童保育

小学校と子どもの生活

２００８年に告示された学習指導要領によって小中学校の授業時間が増え、小学校1年生で週あたり25時間、2年生で26時間、3年生で27時間という時数になりました。会議などにあてるため4時間授業の日を1日設ける一般的な小学校の場合、1年生でも6時間授業の日が生じ、3年生になると多くの日が6時間授業となりました。6時間授業になると下校時刻は午後3時を過ぎ、「ただいま」と学童保育に来ておやつを食べ宿題を済ませる頃には、冬ならば日が暮れる時間となってしまいます。

学校で生活する全体時間が延びただけでなく、時間の使い方にも変化が起きています。朝の時間や休み時間が読書や自習時間に転用され、びっしりと学習時間が続くようになりました。長さも密度も増えた学校生活のなかで、子どもたちは毎日を送っています。あまりに過密な時程となったので、たとえば東京都教育庁が「新学習指導要領の全面実施に伴い、授業時数が増加し、これまで以上に過密な週時程を余儀なくされ、児童・生徒及び教員の負担が増大」（『教育庁報』第５６０号）と述べるほどです。この状況を馬場（２０１１）は「子どもの多忙化」と問題提起しています。

この変化の直接のきっかけは学力低下論の出現ですが、問題はそれだけではなさそうです。教育活動のすべてに目標達成が組み込まれ、際限のない努力が求められていることや、大人からの観点のものですが「安全」な学校生活を引き受け、瑕疵《かし》のない管理を求められていることなど、失敗の許されない場として学校が存立させられていることが、二重三重に学校の活動を増やしています。この結果学校の守備範囲は拡張し、子どもが学校外で過ごす生活時間のかなりの部分に対して、学校のきまりがあったり指示があったりします。

そうしたなかに、子どもの放課後や学童保育の時間がおかれています。学童保育所でしばしば議論になる学校の宿題の問題はその象徴です。大事な遊び時間であり子どもの持ち時間を削って宿題をやるということなのに、学校にとっては空き時間の活用と見なされているところが、大きな食い違いです。

諸外国の放課後の実態と比べながら放課後対策の課題を追究した池本（2009）は、「『放課後という時間』は、学校の付属品ではなく、学校を中心として築かれている教育システムが子どもたちの生活を浸食する防波堤とならなければいけない」と述べています。

学校にはない発想・価値が生きる場は、子どもにも大人にも必要だと考えられますが、それは学校にとっても、子どものいろいろな面を発見する機会でもあるはずです。

●学校からみた学童保育

学校が子どものもう一つの生活環境である学童保育をどう位置づけているか、教員が学童保育についてどう思っているかについて、学校教育の立場から書かれている図書や資料はあまり見当たらないのが現状です。放課後という言い方で調べてみても変わりません。学校が学童保育や放課後の現状をどう受け止めているのか、文献としては見えてきません。

もちろんそれは、学校と学童保育の連携がないということではありません。定期的に懇談をもったり、何かのときに連絡を取り合える担任教員と指導員との関係ができているケースは少なくありません。欠席早退などの情報を伝える体制があったり、学校で起きたトラブルなどについて担任教員が学童保育指導員の耳に入れておくということがあったりします。子どもの問題行動や気になる様子について情報交換して理解したいという動機は、担任教員には強くはたらきます。一見するとその関係があるならば十分に見えますが、もう少し考えてみる必要があります。

二宮（２０１０）は「学童保育における学校化」の問題を論じています。『日本の学童ほいく』などの学童保育関係の雑誌では連携が取り上げられていることが多いが、そこには学童保育の学校化が見いだせるというものです。そこでの連携のあり方が、学校教育を規準とした調整でしかないという指摘と考えられます。学校が学童保育から何を受け止めているのか伝わってこないという現状も、そこから理解できそうです。それぞれの世界が、子どもの可能性を広げる異なる場であるという認識に立脚したパートナーシップを形成するという点で、学校と学童保育の間には課題があるのではないでしょうか。

少なくない学校教員にとって、学童保育はいまだ未知の領域であるというのが実状のようです。貴重な社会的資源として、もっと踏み込むと発見が多いはずです。学童保育では子どもたちの違う顔に出会います。親の本音にも出会います。そのことをもって、学童保育はインフォーマルなところだからと切り捨てるのでなく、あるいは学童保育では自由気ままに振舞っていると見るのでなく、その子どもの潜在的な要求や意欲を再発見したり、そこからひるがえって校内でのその子がどうして違う姿を見せるのかを考えてみることで、学級指導の課題が見えてくることもありそうです。

●「生活」の発想を学校に

いうまでもなく、学童保育には遊びがあります。将来のために備えるという、学校の多くの活動とは異なり、「いま」の子どもたちの力と人間関係と課題が、そこでは展開されています。学校生活を設計する大人たちが、子どもたちにつけるべき力といって将来志向に傾斜しがちななかで、日々の生活としての質の向上を学校においても考えようとしたら、学童保育での毎日には学ぶものがあります。また生活のゆとりを考えようとしたら、すき間という意味の「遊び」、言い換えればむだな時間空間の発想も意味をもちます。成果主義と効率主義にさらされている学校で、学びを豊かに構想するために、子どもたちの興味関心や、自己認識や、連帯感や競争心や、そうした日々の感情も認識も、高揚感も停滞感もまぜこぜになって展開される学童保育での活動を、学校の活動にどう取り込んでみることができるかは、学校教員の挑戦的な課題だといえます。ヒントになるのは、大人の存在の違い、子ども集団への統制の違いに着目することではないかと思われます。

また学童保育は、親子関係や家庭での毎日を背景とした生活の現実に直面します。最近の学校では子どもの心理を支えるカウンセラーの機能だけでなく、生活を支えるソーシャルワーカーの機能をどう導入するかが課題になっていますが、学童保育指導員の毎日は、まさにその両者を兼ねています。生活支援の専門家としてのかかわりは、学校に新たな視点での子ども・保護者理解をもたらす可能性があります。

したがって学童保育に期待されるのは、学童保育から学校への発想の輸出です。教員と学校にとっては、子育てのリアリティを取り戻す機会といってもよいでしょう。

ただ、学校には制度的にかかえている制約があります。それは公教育機関としてもつ評価機能と進路決定機能です。学校で子どもたちも保護者も本音を出したりありのままの姿を見せたりしたくないのは、これらの機能が少なからず影響しているためだと考えられます。他方で教員にとっても、そういう機能の適正な働きを意識して、子どもへの偏見をもったり公平性を損なう接し方になるのを避けるために、家庭環境など生活の問題に立ち入って知ってはいけないという躊躇《ちゅうちょ》があるようです。心理学ではハロー効果（光背効果）といって、その人に関する何かの周辺情報を得ることで他の面を過大にあるいは過小に見積もってしまうという現象が知られています。たとえば、経済的に恵まれた家庭の子どもには言葉遣いも丁寧に感じてしまうというようなことです。

その点で多くの学童指導員は、親子の切実な問題に日々付き合い、共感し、発見することで、そうした見方の偏りを克服する経験をもっています。そうした学校の抑制的な家庭へのかかわりに対して、学童保育はなんらかの刺激的な役割を果たすことができないでしょうか。学童保育から学校への発信が、いろいろの効果をもたらしそうです。

（埼玉大学　教育学部教授●馬場久志）

■文献

馬場久志　２０１１「子どもの多忙化と新学習指導要領・学習評価」教育科学研究会編『教育』第７８４号　国土社
Furfey, P.H., 1928, The Gang Age, The Macmillan Company.

堀尾輝久　１９８６　子どもの権利とはなにか――人権思想の発展のために　岩波書店
池本美香編　２００９『子どもの放課後を考える』勁草書房
河崎道夫編　１９８３『子どものあそびと発達』ひとなる書房
厚生労働省「平成16年度自殺死亡統計の概要」『人口動態統計特殊報告』
http://www.mhlw.go.jp/toukei/saikin/hw/jinkou/tokusyu/suicide04/3.html
二宮衆一　２０１０「子どもたちの放課後生活の現状と学童保育」学童保育指導員専門性研究会編『学童保育研究』第11号かもがわ出版
※この論考を含めこの号は「学童保育と学校の連携」が特集されている。
東京都教育庁総務部教育情報課　２０１０「土曜日における授業の実施に係る留意点について」『教育庁報』第５６０号
ユニセフ　http://www.unicef.or.jp/about_unicef/about_rig.html
Wallon,H., 1941, L'évolution Psychologique de L'enfant. Collection Armand Colin.
（アンリ・ワロン著　竹内良知訳　１９８２『子どもの精神的発達』人文書院）
依田　新・東　洋編　１９７０『児童心理学』新曜社

コラム1　学校との連携

学校の下校チャイムがなると、特別支援学級の子どもたち3人は担任の先生と学童保育に帰ってきます。

「今日は、学校で興奮していましたから学童保育でもちょっと興奮するかもしれません」学校での様子を伝えてくれるので、学童保育での子どもとのかかわりの見通しをもつことができます。保健室からの電話では「今日転んで頭をぶつけたので様子を見てください」「このごろ、頻繁に保健室に来るのが気になります」など子どもたちの学校での健康状態や状況を伝えてもらい、その後の学童保育での様子や状況や変化を重ねてお迎えの保護者に伝えます。

6年担任の先生が学童保育に「相談したいのですが……」と足を運んでくれます。「今日ね、マリが修学旅行の班決めで、自分の思うようにいかなくて大暴れしたんです。マリとどうかかわったらいいかわからなくて、自分が担任としても情けなくてショックでした」

年下の子どもの面倒をよく見てくれて信頼されているマリの学童保育での様子を伝えると、担任の先生はマリの別の一面を知ったことで、安心を得て学校現場へ戻っていきました。

マリに「先生が心配して学童保育に来てくれたのは、マリのことをわかろうとしてくれる先生だからだね。熱心な先生でよかったね」と伝えると、マリはこっくりとうなづきました。

研修会などで、どうすればうまく学校と連携がとれるのかと質問を受けることもありますが、私はまず学童保育の指導員から学校に働きかけることが連携への第一歩と思っています。

毎年4月になると、私は学童保育に通う子ども達の名簿を持って、学校に挨拶に行きます。学校の年間予定表や時間割、クラス名簿をもらって、学校の生活を知っておくようにしています。また、学童保育の「通信」を渡して、先生たちに学童保育での生活の様子を伝えます。

私たちの学童保育は、学校と互いに子どもの気になることを日常的に伝え合うほか、指導員と先生たちが定期的に「情報交換会」も行っています。情報交換会では、子どもたち1人ひとりの様子や家庭の状況や気になることを伝え合います。学童保育では、毎日お迎えに来る保護者と日常的な愚痴や不満も含め子どものことを伝え合うので、家庭の状況が見えてくるのです。

タクヤの母親は、経済的にも苦しく、人間関係や子育ての悩みを抱え心身ともに余裕のないところに、学校から「もっと子どもの面倒を見て」と要求ばかりが突きつけられ追い詰められていました。「私だって、もっと金も時間もあったら子どもにやってやりたいことばかりだよ。学校は、これ以上私が何をすればいいと言うの」と、子どものように大声で泣きじゃくり指導員に思いのたけを吐き出すことで心身をリセットした母親が、2人の子どもを抱きしめて「あなたたちがいるからまたがんばれるよ」と笑顔を取り戻し帰って行ったのは夜9時前でした。

母親の状況と思いを学校に伝えると、学校も母親への理解を示し対応も変わりました。

迎えに来る保護者の状況や子どもの様子から虐待に気づき、学校と伝え合いながら、福祉課・児童相談所と連携し、子どもの命を保護することもあります。子どもの心と命を守るには、子どもを真ん中に連携の輪を広げていくことも必要です。

子どもたちの生活の場としての学校と家庭の真ん中にあるのが、学童保育の生活です。子どもたちの1日の生活が途切れることのないよう、子どもを真ん中に大人たちが立場を超えて連携しながら子どもの健やかな育ちを守る必要性を感じています。

思い通りにいかない、意にそぐわないなど些細なことで周りに攻撃的・暴力的になる子どもが増え、子どもを理解すること・かかわりをつくることが難しくなっていると学童保育の現場でも感じていますが、それは、学校でも共通のようです。

さまざまな困難を抱えた育ちのなかで、自分の思いや感情を受け止めてもらうことなく胸深く押さえ込まざるえなかった子どもたちもいます。子どもたちの表面的な言動だけにとらわれず、子どもの内面にある「育ちたい」という願いを支えていきたいと思うのです。

そのためにも、学校と学童保育の連携のなかで、子どもたちへの温かなまなざしを深めながら子どもたち1人ひとりがどの子も「安心して・安全に・安定的に自分で居られる生活」をつくりだしていきたいと思っています。

（全国学童保育連絡協議会副会長・埼玉県飯能市原市場学童かたくりクラブ指導員●河野伸枝）

2章

遊びを豊かに

――学童保育における遊びの理論と実際

1 子どもの生活と成長にとっての遊びの意味と学童保育の役割

●はじめに

子どもの成長にとって遊ぶことは大事だということはたいていの人が賛成してくれます。ところがそのときそのことを考えている人の遊びのイメージがいろいろ（木登り？　電子ゲーム？　ごっこ遊び？⋯）なので、「遊びは大事」ということの中身は漠然としたまま語られます。

身体が丈夫になる、身体技能が獲得される、言葉や想像力が発達する、社会性が育つなど、遊ぶことによってあれこれの身体的な力や機能が発達するということは確かにあります。それは間違ってはいないのですが、そのような力や機能の形成が目的ならばそれぞれに応じた教育的訓練によって形成すればいいとも考えられます。現に個別分野、個別能力の育成を謳《うた》った各種教室がたくさんありますし、そのほうが効率的、効果的だと考える人も多いでしょう。

したがってそれは遊びの発達的意義の第一義的なもの、中心的なものではないと思われます。子どもの遊びの意味は、何よりも子ども時代が「われを忘れて楽しいこと、おもしろいことに熱中する」経験に満ちていることそのものに求めたいものです。「われを忘れる」そのし方はさまざまです。腹を抱えて笑うこともあるでしょう、全神経を集中して真剣になることもあるでしょう。達成感に絶頂になることも、悲しさや後悔の涙にくれることも、前進か撤退かで迷うことも、自然の美しさや不思議さに心を打たれたり、その厳しさに痛い目にあうこともあるでしょう。「愛されているだろうか」とか、「自分はどう思われて（評価されて）いるだろうか」とか、そんなことを気にしないで過ごすこと、そのときその場で過不足長短に満ちた自分を発揮してしまうことこそが、何か大事なことを耕しているのだと思います。

●育てる・育てられることと子どもの遊び

動物の世界では、鳥類やほ乳類などをはじめとして、産んだ子どもを大事に育てるという動物群が進化してきました。それらの子どもは、親に保護されているために、自分の力で環境と直接交渉して身の危険から逃れたり、食料を確保したりする必要がありません。当然、親子間をはじめとしてコミュニケーションが必要になるので、その能力が発展します。ですがそのような子どもは、いずれ自力で生きていく能力を磨いていくために環境と豊かに交渉しなくてはなりません。仲間や親子とコミュニケーションをとりながら環境とさまざまにやりとりして「自立に向かって未熟な能力を高めていく」必要があるのです。子どもは環境との重大な交渉から免除されているのに、反面、環境と豊かに交渉しなければならないというわけです。育てられる子の「遊び」はこの矛盾のうえに成立するのです（詳細は河崎、1981、1983参照）。

そのような子どもの「環境との交渉」のし方には、特徴があります。直接生き死にや生活の必要にかかわる行動ではなく、成体のそのような行動を模倣《もほう》しつつも逸脱や失敗が許される「遊び」があるのです。いわば、なされる行為は最初から最後まで「自由な選択と決定」の基盤が与えられています。ただし、動物の場合には、その行為の種類は動物ごとに生物学的に限定されています。角で押し合う、走る、木の枝から木の枝に飛び移る、獲物を前足で捕まえる……など、それぞれの動物が成体になったときに必要な行動が、遊びのなかで部分的で不完全に、しかしそれなりに自由に繰り返されます。そうやって動物の子どもは成体になったときに必要な行動を遊びのなかで学習していくわけです。遊びの意味は成体になるための「学習—準備」だという考えは生物学的な意味ではよくあてはまります。

●二つの歴史

もっともよく保護され育てられる人間の子どもは、他の動物と比べて子ども時代が長く、模倣の対象となる大人の行動、行為も豊富ですから、遊びの種類も多く、遊びに費やす時間、期間も長くなっています。本来、生物学的なレベルでは**もっともよく遊ぶ存在が人間の子どもだ**といえます。

人間の場合、「成りゆく大人の姿」自体の変化にともない、子どもの遊びの内容も意味も社会的歴史的に変わってきたということが大事なポイントです。二つのことがらの歴史的変化を考えてみましょう。

(1)子どもの遊び世界は歴史的に豊かに蓄積されてきた

一つは、大きな目で見れば子どもの遊び世界は豊かに蓄積されてきたということです。何百万年も続いた人類のあけぼのの時代、原始の時代ではほとんどの遊びは自然を相手にした遊びだったでしょう。わずかな道具を使いながら、動物を追ったり木の実を拾ったり魚や虫をつかまえたり、草花を摘んだりしたでしょう。石や砂や土をいじって遊んだりもして、おそらくもうすでに光る泥だんご遊びの原型はあったでしょう。それに仲間自体が身体的自然をもつ相手であり、じゃれ合ったり追いかけ合ったりしたことでしょう。描いたり音を出したりするコミュニケーションの道具も自然の道具が利用され、子どもたちも見よう見まねでそれで遊んだことでしょう。圧倒的に豊かな自然の対象世界を前に子どもたちは夢中になって挑戦し続け、やがて「気がついたら大人になっていた」というわけです。

定住生活が進み都市が形成され、文明が開けてくればたくさんの道具や技術が生まれ、それらを手にしたり小型のものを作ったり（玩具《がんぐ》の始まり）して遊んだと思われます。飼い慣らした動物の子どもとの遊び、牛の膀胱《ぼうこう》からできたと言われるボールを使った遊び、動物の骨からできたさいころ、植物から加工したロープや紙、弓矢など……。何千年もの時間のなかでさまざまな産業、職業、仕事がつくられ、新しい技術や道具が生まれるたびに、それらは子どもの遊び世界にも小型化したり変形されたりしながら入り込み、生き続けました。大人が遊ぶのも人間の特徴ですが、スポーツや芸術、ゲームなど大人の娯楽の世界が発展してくるとそれが子どもの遊び世界にも形を変えながら浸透してきます。

大事なことは、新しい遊びができて古い遊びがなくなるということではなく、古くからあった遊びの多くが伝承されて残り、子どもの遊び世界に蓄積されてきたということです。原始の時代からの自然を相手にした遊びがたくさん残っていることを考えれば容易にうなずけます。

たとえば明治期には新しい工業素材が子どもの遊び世界に入りました。コマの世界にも、ブリキの缶ゴマ、鋳物《いもの》のベーゴマ、鉄の輪ゴマなどができました。だからといってそれまでの木でできたコマがなくなったわけではありませんでした。ガラス素材のビー玉やおはじきができても、木の実や数珠《ずじゅ》玉の遊びはなくなりませんでした。

第二次大戦後にはいろいろな鬼ごっこをはじめとして陣取りやSケン、ドロケイなどが発展し、1950年代の子どもは10人～20人の大きな集団で遊んでいました。でもそれ以前からあった4、5人、7、8人の集団遊びが、それですたれたわけではありません。「花いちもんめ」や「あぶくたった……」などわらべうた遊びなどもずっと伝えられてきたのです。**子どもの遊び世界は何万年、何千年の時を経て伝えられ創られ続け、豊かになってきた「蓄積の歴史」だった**のです。

(2) 1人ひとりがかけがえのない存在として尊重される時代になり始めた

もう一つの歴史的達成は、民主主義とそれにもとづく子ども観です。すべての子どもは人間としてみな平等であり、差別されず、1人ひとりが人生の主人公として育ってほしいという時代精神が、今開花しようとしているときです。生を受けたすべての子どもが唯一無二《ゆいいつむに》のかけがえのない存在として尊重されなければならないと多くの人が考える時代はこれまでありませんでした。

採集狩猟社会だった原始の時代、小さな集団で暮らす人々はほとんど一様な生き方で、それぞれの名前すらなかったことでしょう。人々の間で支配や差別の関係もありませんでした。子どもの成りゆく大人像は基本的に、「小さな社会で大きな自然に生きる人間」だったのです。子どもはそうした大人に向かって成長し、先に述べたように、遊んでいるうちに「気がついたら大人になっていた」という時代でした。現在と比べて人生は30年くらいだったと言われるほど短く、自然の過酷さが病気や事故で悲しみをもたらすことが多かったとはいえ、それはそれで差別のない平和な社会だったのかもしれません。

しかし、定住が進み都市や国家が現れ始めたとき、土地と富を奪い合う戦争が生まれました。人間に勝者と敗者ができ、支配と被支配の関係が形成され、血筋、家柄、身分、性等で差別が固定化されてしまいました。ほとんどの人に個人としての自由な生き方はありませんでした。

そして「家」や「身分」が子どもの成りゆく大人像を決定し、そこに向かって子どもは、その身分の、その家の子らしく、あるいは男らしく、女らしく「躾《しつ》けられ」育てられることが常でした。産業が発展し職業が多様になり、生き方のメニューは増えたように見えても、子どもが選択できるわけではなかったのです。古代王制、貴族社会、武家社会、天皇制……。支配の形態がさまざまに変化しても、その子の「その子らしさ」ではなく、本人の外から子どもの育ちと将来を縛りつける基本的状況は何千年も変わらなかったのです。

　しかし、社会の進歩は、こうした枠組みを壊していきました。その歩みは一朝一夕ではなかったにしても、民主主義を渇望するここ数百年の人々の闘いは、支配と差別をなくす方向で確実に進みました。奴隷制や身分制、家制度の崩壊とともに、身分によって生まれながらにして子どもの成りゆく大人像が決定されてしまうようなことはなくなりつつあります。産業と職業はいよいよ発展し、人生自体はいよいよ長くなり、成りゆく大人像はいっそう多様になりました。肝心なことは、それが子ども自身の選択ができる選択肢として現れるようになったということです。**自分の人生と行動について自己決定が許される希望の選択が、長くなった子ども時代の最大の課題になってきた**のです。

●二つの歴史が交差するところ

豊かに蓄積され続けてきた子どもの遊び世界は、1人ひとりが社会のなかで尊重されるべきだという思想の発展の歴史と交わって、新しい意味を輝かし始めました。日本の場合で考えてみましょう。

(1)子どもの遊び――黄金時代

1950年代の日本で、子どもたちはそうした二つの歴史が交わる地点に生きていました。なんと言っても、大戦後、絶対主義的な天皇制が終わり、「民主主義」の考え方が全国に吹きわたり、とりわけ教育の場では市民的平等が子どもたちの間でいきわたり始めました。蓄積され創造され、伝承されてきた遊び世界は、学校と地域の両方で、豊かに展開されました。地域における伝承と学校の場での平等な子どもたちの大集団とが合わさって、それまでの時代にはなかった遊びの黄金期を創り出したのです。この時期の子どもたちが遊んだのは、それまで伝承され蓄積されてきた遊び世界のほとんどすべてであり、さらにこの時代に新しく創られ展開した遊び世界だったのです。

自然を相手にし、動物、植物を採集したり利用したりして楽しむさまざまな遊びがありました。土・砂遊び、虫・魚とり、木登り、草花遊びなど。それらは太古の時代から伝承され、地方・地域ごとに独特の風土にもまれ無限の変種とユニークさをもって創られてきた世界です。筆者は雪国の地方都市の生まれ育ちでしたが、冬は竹スキー、そり、雪合戦、雪穴掘り、アイスキャンディー作りなどの雪遊びを毎日のようにしていました。「きんこ」（固い雪玉づくり）や「しみわたり」（上部だけうすく氷った雪の上を歩く）など雪国特有の自然を相手にした遊びも堪能したものです。

奈良・平安の時代に中国大陸から伝来し貴族階級の大人の遊びから庶民の子どもにゆっくりと広がったさまざまな遊び……ひな遊び、まりつき、囲碁《いご》、将棋《しょうぎ》、あやとりなど。あるいはたこ揚げ、コマ（貝ゴマ・木ゴマ）、はねつき、お手玉、竹馬、竹とんぼ、けん玉、水鉄砲（竹）など、自然の素材から加工されて作られた遊び道具は、作り方やあそび方の文化として伝承されてきたものです。外国から伝わったものもあるでしょう。江戸期以降は子どもの遊び世界が大人との生活世界からいよいよ自立的に成立してくる時期だったのです。

ガラスやブリキ、鋳物など、明治期以来の新しい工業素材で作られたおもちゃを利用する遊びもありました。缶ゴマ、鉄芯ゴマ、ベーゴマ（鋳物）、ビー玉、おはじき（ガラス）、メンコ（厚紙）などです。木や竹の素材とはまた違って独特の技とおもしろさをもっています。

明治期に欧米から学校体育を経由して広がった運動的遊び（縄跳《と》び、ゴム飛び、馬跳び、馬乗りなど）やスポーツ遊び（野球やサッカー、ドッジボールなど）もありました。それらに加え、戦前からあった「戦いごっこ」やわらべうた遊び、鬼ごっこがそれらの運動遊びと合体してルール化されて創られました（「水雷艦長」、陣取り、Sケン、「ニクダン」、さまざまな○○鬼など）。その他に、石けりのように、世界的に古くから遊ばれていて（かこ、１９７９）日本ではいつの頃から遊ばれていたのか不明ながらたくさんの変種をもった遊びもあります。これらの各種集団的運動遊びは、ほとんど道具が不要で、大勢の子どもが参加できるものでした。15人～20人の参加者もまれではなく、戦前よりもずっとサイズが大きくなった集団遊びとなったのです。この大きな集団が、「対立を楽しむ」ために参加者の話し合いによって自由にルールを作り替えたりして遊んでいたのです。これらの遊びの隆盛はまさに大戦後に広がった民主主義という時代精神を表すものだったのです。

このように１９５０年代の子どもたちは、子どもの遊び世界のそれまでの歴史的達成のほとんどすべてを楽しむことのできる時代を謳歌《おうか》したのです。

(2)遊びの新しい「発達的意義」

ちょうど１９５１年にはわが国において「児童憲章」が制定され、「すべての児童は、よい遊び場と文化財を用意され、わるい環境からまもられる」と謳われました。長い年月を経て豊かに蓄積されてきた子どもの遊び世界が、文字通り「すべての児童」に開かれる時代になったのでした。

わが国においてそこに至るまでには、数百年の世界的前史があります。

すでに18世紀には、「子どもを発見した」と言われるルソーが、「子どもの遊びを、楽しみを、その好ましい本能を、好意をもって見守るのだ」と言及していました。「来るべき世紀は児童の世紀」と19世紀の終わりに謳ったエレン・ケイも、「子どもの歓びを尊重せよ、子どもの趣味を尊重せよ、子どもの時間を尊重せよ」と、やはり子どもの自由な時間と遊びが尊重されるべきことを述べていました。

20世紀に入り、国際連盟は「子どもの権利宣言」（１９２４）を採択しますが、それをもとに練り上げられた国際連合の「子どもの権利宣言」（１９５９）は、こう述べています。

「子どもは、遊びおよびレクリエーションのための十分な機会を有するものとする。遊びおよびレクリエーションは、教育と同じ目的に向けられなければならない。社会および公の機関は、この権利の享受を促進するよう努力しなければならない」

こうして数々の主張や宣言、条約に結実しながら「子どもの遊びと民主主義」の結びつきは分かちがたく強固になり、内容豊かになってきました。わが国の１９５０年代はまさに、子どもの遊び世界が豊かさを増してきた歴史と、すべての人々の基本的人権や自由と平等を保障する民主主義思想の歴史とが見事に交わった時代でした。子どもたちは学校が終わればランドセルを家に放り投げ、すぐさま地域の、野や畑に、山や川や海に、空き地や路地に、校庭にと、馴染《なじ》みの遊び場と新奇の遊び場にでかけては、伝承され創造されてきたたくさんの遊びにふけっていました。

そのとき、子どもの遊びはかつてなかった新しい意味を獲得したのです。それは「学習と準備」でもなく、「休息・休憩《きゅうけい》・気晴らし」でもなく、「無駄なもの」でもありません。

子どもは、生き生きとして夢中になれる世界、好きでたまらない世界、おもしろいなーと思える世界にたくさん出会うことが可能になりました。そして、子どもたちは、遊びという参加自由で、逸脱と失敗がおおらかに許される世界で生きながら、自分自身の選択と決定を繰り返します。その選択と決定の基準は自分がおもしろいかどうか、楽しいかどうかです。おもしろそうなら参加し、つまらなければぬけ、おもしろければ夢中になり、夢中になってときの経つことを忘れます。

そうやってたっぷりと遊び込むことのなかで、出会う世界のおもしろさ、楽しさの反映として「自分らしさ」の実感をため込んでいくことができるのです。逆説的ですが、「我《われ》を忘れ」て楽しむとき、リアルな「我」が生まれ充実するということです。遊んでいるときは、「自分らしいことをしている」などとは考えないでしょう。まして「将来のために」とか「何かのために」遊ぼうと思うことはないでしょう。しかしその「楽しいことと結びついた自分らしさの実感」はたくさんため込まれながらずっと後になって、生き方における「選択と決定」という場面に直面したとき、前に進むための土台を提供するのです。本章で最初に述べたように、子**ども時代が「われを忘れて楽しいこと、おもしろいことに熱中する」遊び経験に満ちているこ**

とは、すべての子どもが、それぞれのかけがえのない人生を自分らしく充実して生き続けていくことの現れでもあり土台ともなります。こうして遊びは、二つの歴史が交差する時代において、子ども時代を充実して生きることと同時に、成りゆく大人像の選択と決定の土台を形成するという「発達的意義」をもつことになったのです。

●二つの歴史の危機

国連の子どもの権利宣言の発布からその精神はより発展し、30年を経て1989年には「子どもの権利条約」が発効しました。そこでは、子どものすべてが人種や民族、性や障がいなどを理由とするような差別はいっさい受けてはならないと謳《うた》われました。さらに、意見表明権や表現の自由の権利の保障をはじめとして、子どもは人間として1人の権利主体であるとの画期的な規定がなされたのです。

子どもは大人に保護され、育てられる存在でありながら、なおかつ大人の従属物ではなく、大人と対等の権利主体であるという子ども観が、長い人類の歴史的達成として生み出されたのでした。このとき、逸脱と失敗がおおらかに許され、子ども自身の自由な参加と決定を原則とした遊びは、子どもが育てられることと権利主体であることの両方を体現した活動として、最大限に尊重されなければならないものとなったのです。

こうして1950年代に二つの歴史が結びあって以来、遊び世界は豊かさを増し、こどもはいよいよたくさんの遊びのなかで、やがて花開く「自分」の種を育んでいくことができるようになったはずでした。ところがわが国の現実はそうならなかったのです。この数十年を経て二つの歴史の歩みはそれぞれに停滞し危機に陥ってしまったのです。

(1)時間・空間・仲間――三つの「間」の衰退

1960年代は高度経済成長時代と言われ、「産業を発展させて生活を豊かにする」という発想が社会を支配していました。しかしながら大量生産、大量輸送、大量消費を中心とした、産業優先の開発が人々が人間らしく生きていく生活の基盤を、さまざまな面から掘り崩してしまったのです。土や空気や水の汚染という、命と健康の維持にかかわる重大な問題が起きました。いわゆる「公害」です。60年代の終わり頃から裁判が次々と起こされ、国や企業が断罪されることもしばしばあって大きな社会的注目が集められるようになりました。他にも交通、住宅、食品、薬品など生活のさまざまな分野で問題が続発しましたが、個別企業の「行き過ぎ」が告発されることはあっても、産業優先で、人々の生活基盤の弱化を省みない社会的発想は今日まで根本的転換がされていないといってもよい現状です。2000年代はその別の表れとして食品偽装をはじめとするさまざまな詐欺《さぎ》的な事件が起きました。経済格差と社会不安の増大は止まらず「衝撃的犯罪」が頻発する閉塞《へいそく》の時代が続いているのです。

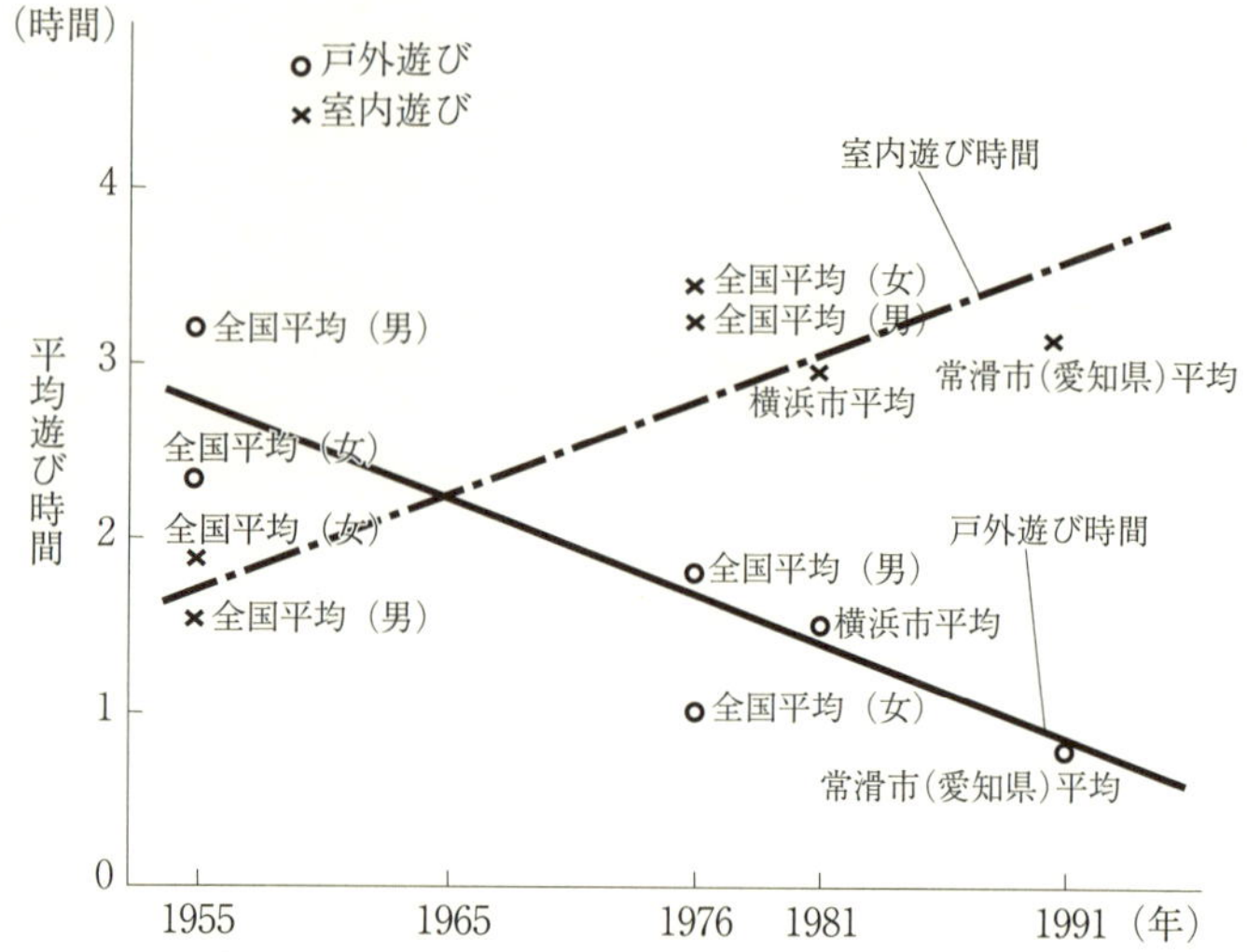

図1　遊び時間の変化（仙田，1992）

子どもの遊びの危機は、こうした社会全体の動きとともに起きました。「被害者」の当の子どもが声をあげられずにいましたし、直接命や健康にかかわる「目に見える被害ではなかった」ためか、社会的に重大視されず事態は深刻化しました。1960年代の高度経済成長期には、子どもの遊びの重要な条件と言われる「時間・空間・仲間」（三つの「間」）が衰退しはじめました。

仙田（1992）の調査による外遊び時間と室内遊び時間の推移を見て下さい。この図が示すことは、1日平均して3時間くらいだった外遊び時間が減少を続け、反対に室内遊びの時間が増えていき、60年代の半ばには逆転していることです。

また藤本（1974）は早くから遊び場、遊び環境の問題に警鐘を鳴らしていました。たとえば、1973年の大阪市の阿倍野小学校区で行った遊び場の親子調査では、親が子どもの頃の遊び場とその子どもたちの遊び場とは大きく違っていました。調査時点で平均40歳の父親たちのかつての遊び場は1位「あきち・原っぱ」（79・4％）、2位「道路」（72・2％）、3位「公園」（18・6％）ですが、その子どもでは1位「家のなか」（61・6％）、2位「友だちの家」（52・1％）、3位「公園」（30・1％）となっています。母親（平均36歳）と女の子を比較した場合も基本的に同様な傾向でした。

これら二つの調査結果を見るだけで1960年代に子どもの遊びに関して何が起こったかは明らかです。子どもたちが戸外で、集団で、身体を使って、自由な時間を遊ぶことが少なくなってきたのです。

1960年代以前と1970年代以降とを比較したどの調査も、子どもがよく遊ぶ遊びの種類が大きく変わってきたことを明らかにしています。自然とやりとりをする遊びや集団的運動遊びは激減し、父母の時代にはなかった「本読み（漫画を含む）」「ゲーム」「テレビを見る」などが子どもの遊びの上位に入ってきているのです。

「黄金時代」と言われる1950年代の遊びをもう一度思い返してください（71ページ）。

蓄積されてきた子どもの遊び世界のほとんどが戸外の遊びでした。それらが減少し、替わりに室内で身体を動かさず1人または少人数で「遊ぶ」ことが多くなってきたということです。言い換えれば、子どもの遊び世界がもっていた、自然を含む多様な環境世界との格闘的な側面が脱落し始めたのです。子どもが成長する過程で、仲間とともに外に向かう自由な探索と挑戦はきわめて大きな位置を占めると思われますが、それが長い人類の歩みのなかで初めて、失われ始めたのです。そういう意味で筆者は、この変化を、子どもの遊び世界の「基底的変動」と呼んだのでした（河崎、2008b）。

(2)蓄積の歴史から交替の時代へ——加速変動

その基底的変動のうえにさらにもう一つの大きな変化が加わりました。日本では1975年頃から人工ファンタジー商品が氾濫《はんらん》し始めます。それは子どもの遊び世界を市場化するものでした。

1975年に発売されたホームビデオは1980年代には急速に広がりました。もともと1960年代から始まったテレビ視聴の長時間化が、子どもの遊びの変容の一つの要因となっていました。ホームビデオの出現とビデオソフトの大量販売は、子どもの遊び時間の室内化をさらに加速したと思われます。

1970年代に店舗用、営業用で登場した電子ゲーム機は1980年代に家庭用が開発され、その動きは決定的になりました。1983年の「ファミリーコンピュータ」の発売以来、携帯ゲーム機、家庭用ゲーム機、営業用大画面のゲーム機など、小型化と大型化と「リアル化」が進行し、ゲーム内容も多様化しました。

その1983年には人工ファンタジーの別のタイプである「東京ディズニーランド」の営業が開始されました。1日いても廻りきれない広大な空間に「夢の世界」をつくり、「現実の生活世界」に対置し、「夢が大事」「ここで現実を忘れよう」と呼びかけたのでした。この反現実世界志向のメッセージが、ただでさえ減少してきた戸外の集団的な遊びを瀕死《ひんし》の状態に追いやったのでした。

それまで、長い歴史のなかで創造され伝承され蓄積されてきた多様な子どもの遊び世界が失われました。替わりに次から次へと大人の手でリニューアルされ、ヴァージョンアップされていく人工ファンタジー商品が席巻《せっけん》するようになりました。子どもたちは大人に用意された楽しみを買って手に入れることになります。伝承と蓄積の遊び世界は、交替と購入の世界に変化したのです。この変化を筆者は子どもの遊び世界の「**加速変動**」と呼んでいます（河崎、2008a）。

またその変化は遊び世界だけでなく、日常生活の送り方の根底のところまで浸食してきました。

表２　体験をしたことが「ほとんどない」の割合

	1998年	2005年
チョウやトンボなどをつかまえたこと	19%	35%
海や川で貝や魚をとって遊ぶ	22%	40%
大きな木に登ったこと	43%	54%
夜空いっぱいの星を見る	22%	35%
日の出日の入りをゆっくり見る	34%	43%
川や海で泳いだことがある	10%	26%
キャンプをしたことがある	38%	53%

＊3学年：小学校４年生，６年生，中学校２年生の合計
国立オリンピック記念青少年総合センター（2005）より抜粋して作成

１９８０年文部省（当時）は子どもたちの自然体験をはじめて調査しました。毎日そこに見えるはずの日の出や日没を「ほとんど見たことがない」小学生は3分の1。「海や川で何度も泳いだことがある」なども半分。「夜空いっぱいの星をゆっくりと見たことがある」のは3分の1しかおらず、「ほとんどない」は22％にのぼりました。さらに国立オリンピック記念青少年総合センターが２００５年に行った同様の調査と比較すると、生活と遊びにおける「自然体験の減少」はその傾向をいよいよ強めていることがわかります（**表2**）。わずか7年の間で状況はずっと深刻化しているのです。

日の出、日没や星空、あるいは食べ物というのは、誰でも毎日のようにかかわっていることがらです。その本来的に日常のことがらにおいて自然とのやりとり体験がきわめて希薄になっているということで

す（河崎、2008b）。

こうして、1960年代には、自然を土台とする多様な環境世界と仲間たちが子どもから遠ざけられ始め（**基底的変動**）、1980年代からかわって遊びが大量販売されるようになってその変化は加速された（**加速変動**）のです。

(3)かけがえのない「自分」の危機

望んでもいない人生を、親の身分や家柄、血筋のような自分の外にあるものによって決められていたと見えるそれまでの時代と違い、大戦後は「職業選択の自由」をはじめとして各人が自分の望む人生を選んでいくことができるようになりました。憧《あこが》れや希望、才能と努力のような自分の内にあると思われるもの、つまり「自分らしさ」が、その選択決定の鍵となったのです。

ところが社会にはそれをすべての子どもに保障するしくみができていませんでした。「自分らしさ」は、二つの面から歪《ゆが》められてきました。

一つは、「自分らしさ」を測る尺度の一元化、画一化です。親の間には社会的経済的格差が厳然としてあり続けました。格差は地位競争を生みます。競争は公平の名のもとに（実は競争の条件は公平ではないことが明らかになってきていますが）、同じ物差しで測って並べようとします。紙に書かれた「問題」への反応を集めて「正解」を数え、成績を数値化して縦に並べる物差しです。同一の尺度によるランク付けがすべての子ども、すべての学校に画一的に適用されるような事態では、その尺度で測った「自分らしい学力」「自分らしいテスト結果」がつきつけられ、「おまえはこの程度」といつも評価され続けます。競争の結果としてのゆく末に見える大人像には格差があり、「おまえのせいだ」「自己責任」だといわれます。こうして、子ども時代は「自分の程度」を少しでもあげるため、より小さなときから努力を求められ、少しでも遅れたり、逸脱したり、違反したりすることが厳しく制限されたり罰せられたりするようになりました。それが学歴競争、偏差値競争です。

二つめは、「自分をタイプ分けする」見方の氾濫《はんらん》です。「性格」「人柄」「運命」を、血液型や各種「性格テスト」で分けられたタイプに入れて判定します。「占星術」で言う「(自分は)○○座」との知識が、ほとんどの人に広がったのはここ数十年のことですが、これもある種のタイプ分けです。これらの「道具」や「知識」を操る人に「あなたはこういう人」と指摘されると、「自分を知りたい」という願望が潜在している人には影響力があるものです。「科学的な」装いをこらしたり、専門家のふりをしているので、容易に信じられてしまいます。

社会全体としてこうした見方が広がっていくことには危惧《きぐ》を抱かざるをえません。順位づけは狭い階段を「上へ」と子どもを追いたてますが、タイプ分けは子どもを枠にはめこんで体験と挑戦を封じ込めます。いずれにしろ、地域的で個性的な出会いと体験を通じて形成されていく1人ひとりの「かけがえのなさ」を大事にすることにはつながらない見方です。

さらに、そうした縦並べや横分けの尺度では「自分」が実感としてとらえられないために、不明で不安定、空虚に感じられる「自分」をなんとかしたいと思う人も多くなってきます。このとき、自分を「啓発する」というセミナーにお金をつぎ込んだり、絶対的な存在と思い込まされた対象に自分のすべてを投げ打ってしまうようなことも起きます。ある種の心理学や宗教が、こうした「自己・自分の危機」「空虚感」に救いの手をさしのべたかに見えて、実はより深く傷つけてしまう事態が進行しています。かのオウム真理教事件（1995年顕在化）はその深刻で不幸な現れでした。

自分らしい投球、自分らしい闘い、自分らしい演奏、自分らしい○○……と「自分らしさ」が氾濫する一方で、逆に「自分らしさ」の内実を実感することを困難にする社会的装置が二重三重にしかけられている時代状況なのです。

●学童保育の歴史的役割――歴史的達成を子どもに手渡す

子ども遊びの意味が、1人ひとりを大事にする民主主義の思想とともにではなく、個別能力の発達と結びつけられて語られるのは、社会が功利的、競争主義的だからです。遊びが、「休息」や「気晴らし」「癒《いや》し」とのみ見られるのは、社会が子どもを追い込んで疲れさせているからです。遊びのファンタジー性が肥大化して喜ばれるのは、「現実世界」が辛くめんどくさく汚いものとして厭《いと》われ、子どもにとって豊かでおもしろい自然と文化と人が遠ざけられていることと表裏です。

こうした事情が、「子どもの遊び世界」と「1人ひとりが大事にされる思想」という二つの歴史がしっかりと出会って実を結ぶことを妨げているのです。

遊びの発達的意義はすでに述べたように、楽しいことのなかに自分らしさが感じられ、1人ひとりの**かけがえのないその子の自分らしさの土台が育まれること**です。今、そのような遊びの発達的意義が大輪の花を咲かせるために、保育・教育は子どもの遊びの充実に全力をあげる必要があるのです。なかでも学童保育には、きわめて大きな役割が期待されます。幼稚園や保育所でも、一方で「早期教育」志向がありながら、「遊び」を中心とした保育の重要性が、理念的には広く認められていて、早くから遊びの指導論も議論され実践も積み重ねられてきました（宍戸ら、2010）。しかしながら、1960年代以降の子どもの遊びの衰退という変化は児童期、つまり小学生たちに顕著に見られることが、多くの調査（たとえば、藤本、1974、仙田、1992）で明らかです。かつて「ギャングエイジ」とも言われ、さまざまな遊び世界を駆《か》けめぐっていた主役は小学生たちなのです。子どもの遊び世界の伝承と創造は、おそらく人間の歴史が始まって以来、児童期を中心とする異年齢集団がずっと担ってきたといえるでしょう。その意味で、異年齢子ども集団の歴史的衰微に対し、それを復活、再建、あるいは再創造していく役割はいま、学童保育にあります。学童保育は、遊びを中心として子どもが生きる場として、歴史に登場し始めた、子育て、子育ちの新しい場なのです。

2 学童保育における遊びを豊かにするために――指導・援助論の視点――

●指導・援助論は歴史的に新しい課題

学童保育は、異年齢の子ども集団が遊びを中心としながら生活する子育て、子育ちの場です。指導員という大人が常にいて、子どもたちの集団生活と遊びの成立や展開に力を発揮しています。とりわけ、子どもの遊びの歴史的変化という状況のなかで、かつての自然発生的な異年齢子ども集団に替わり、遊びの伝承と創造を担う大きな役割をもっています。このとき、大人による遊びの指導・援助という新しい問題が生まれます。

かつての異年齢集団では、小さな子どもが年上の子どものそばで、見よう見まねで遊びを覚えていました。ときどきは参加させてもらい、「まだ小さいから」と言われ、未熟さが大目に見られ、ハンディをもらったりしていました。やがて、大きくなって集団の主役になって遊びをリードするようになり、そして次の世代の小さい子がまた真似をしながら遊びを覚えていきます。大人の目が届かないところで、観察と模倣を主とした伝播《でんぱ》、伝承が基本だったのです。いわゆる「ガキ大将」もおそらく一様ではなく、いたりいなかったりしたでしょうし、いても「専制的」な場合もあれば比較的「民主的」な場合もあったかもしれません。これらすべては基本的には自然発生的に生まれ、維持されてきたと思われます。

これに対し、つまり大人の指導員が存在する学童保育では少し違っています。遊びのそのような自然発生的な伝播、伝承、創造を含みながらも、指導員による意図的組織的な展開がはかられることになりました。指導員は遊び以外の生活の管理や指導もしています。安全責任をはじめとして子どもが集団生活を営むうえで、欠くことができないものです。これとても、一方的、強制的な指導ではなく、子どもの納得と自主性を重視する教育的な管理・指導でなくてはならないのですが、それでもやはり指導者であって、子どもの立場とは違います。それが遊びの指導・援助の場合も同じだとすると、「大人が介入すればそれは子どもの遊びとは違う」「子どもの自主性に任せなければ遊びではない」という素朴《そぼく》な批判が成り立ちうるわけです。たしかに、遊びは、逸脱や違反が許され、そこから創造が生まれる自由さがなければ、強制的な課題活動になり、もはや遊びとはいえません。

しかしながら、学童保育は、子どもの遊び世界が衰退または変質してきた社会状況のなかで、異年齢子ども集団の豊かな遊びを復活、再建、あるいは再創造していく役割を担っているのです。一方で、産業優先の空間破壊、遊びの商業主義化による人工ファンタジー商品の氾濫、競争教育による生活管理の強化などによって、この半世紀の間子どもの遊びの衰退や変質をもたらしてきた大きな社会的圧力はそのまま続いているのです。遊びの指導・援助が何もないとなれば、その力のままに子どもをゆだねることになり、事態は変わりません。だとすれば、指導・援助は不可欠です。

すでに１９７３年の第８回学童保育全国集会では、「遊びに指導は必要か」が議論されていて、「大人の指導が入りすぎて遊びが遊びでなくなることは避けねばならない」が、「①指導する意識をすてて、遊びを触発する条件づくり、②子どものなかで生まれた遊びを発展させる援助、③遊びに加われない子どもを入れるようにする努力と、全員で遊べる力をつける」などが「最低欠かせない指導だと確認された」（西元、１９７５）ということです。

そこで、「遊び」であることを壊さずかつ遊びが豊かになっていくことにつながるような指導・援助論が必要になってきたわけです。学童保育は、異年齢の子どもたちが生活し、そこに生活管理もする指導員がいて、なおかつその指導員が遊びの指導・援助もするという歴史的に新しい子育ての形態なのです。そのような遊びの指導・援助論は、人間の歴史の流れのなかで初めて提起されてきた新しい問題ですから、簡単に答えが出てくるわけではありません。まさに、実践を進めながら、実践を交流し合い議論しながら研究を深め内容を豊かにしていくことが求められている問題なのです。

●学童保育に憧《あこが》れの連鎖を

(1)憧れが遊びを発動させる

かつての異年齢子ども集団では、遊び世界を年長の子どもが縦横無尽に駆け回る周りで、年少の子どもたちがそれを見ていました。小さな子どもたちは、ときに参加させてもらったり、ときに見ているだけであったり、ときに自分たちだけでできる遊びをしながらちらちらと見ていたりしながら、いつも「あんなこと自分もしたい」「どうしたらやれるんだろう」と思っていたでしょう。

家庭においても、食べ物を手に入れ、調理したりすることをはじめとして、生活を維持し、潤《うるお》し、豊かにしていくための大人たちの行為が大量に身近にありました。多くは、周囲の自然あるいは自然素材に対し、道具と技を使って格闘して喜びを手に入れる行為でした。それらは子どもにとっては目を輝かす憧れの対象でした。

しかし家庭では、怒鳴られたり、殴られたりして無理矢理させられることもあったでしょう。大人たちの労働が強制されたものであればそれだけ子どもたちの生活も自発性を奪われてしまうのです。教育・訓練の意味で、できるところから少しずつやらせてもらえる場合もあったでしょう。あるいはそうしたさまざまな行為は「まだ小さいから」「危ないから」とさせられない場合もあったかもしれません。しかしもっとも自主的、自発的に挑戦されるのは「遊び」のときだったのです。逸脱と自由が許される遊びの時間と空間が保障されていさえすれば、やまほどあった憧れの対象としての姿や行為はそこで遊ばれました。それらは子ども集団に取り込まれ、新しい遊び文化が生まれ、伝承されていきました。

憧れは、遊びの原動力、推進力だったのです。

(2)「憧れ」の変容

現在の、子どもの育ちのなかで重大な問題の一つは、「憧れる」ということが失われたり変質させられたりしていることです。

第一に子どもの生活の周りに憧れて挑戦したいと思う行為がなくなってきたのです。身近な大人たちは、食べ物や着る物を自然の素材と格闘して得たり作ったりすることをしなくなり、でき上がった商品を買って手に入れるだけとなりました。家事行為の多くは電化、電子化され自動化され、家庭内化されました。たとえば憧れの技の宝庫であった炊事や料理は簡単化され省略化されました。スイッチやダイヤルで「チンする」行為は、憧れの対象にならないでしょう。

さらに子どもは、戸外で仕事をしている人々と切り離されました。１９６０年代以降、職・

住分離が進んだからです。

大人の生活様式が変化しても、異年齢子ども集団があって遊び世界が豊かにあれば、身近な年長者への憧れは存在し続けます。ところが、それも先に述べたように衰退したのです。こうして子どもの身近にいる、息づかいが聞こえ、汗のにおいがし、怒ったり、笑ったり、ときにかっこう悪かったりするリアルな人々の行為や姿が見えなくなり、憧れることがなくなってしまったのです。

第二に、その一方で憧れの対象がメディア化、画一化、ファンタジー化されて氾濫し始めました。

スポーツや歌、芸能のヒーロー、ヒロインがメディアにより創られ、演出されました。成功物語が宣伝され、実利的欲望もかき立てられました。創り出された憧れ対象はどこかリアルではありません。売れることに都合の悪い「負の側面」は隠されてしまうからです。それは憧れのローカリティー、つまり子ども1人ひとりが生きる具体的現実生活のなかで生まれ蓄積されていくその子の憧れのユニークさ、唯一性を失わせてきたのです。

こうして遊びの源泉、原動力である憧れがこの数十年の衰退、変容してきた状況を見れば、子どもの異年齢集団が成立している学童保育が、子どもたちの憧れをリアルで生き生きとしたものに再創造していく重要な役割をもっていることがわかります。

(3) 指導員の仕事は憧れをつなぐこと

指導員が、それぞれの得意な分野で子どもたちの憧れの存在となることはできます。指導員自身がおもしろがって遊ぶ姿を見せることはそれだけで指導の一つのあり方になります。しかしながら豊かで多様な遊び世界のすべてにおいて、少ない指導員がその憧れの対象になることは不可能でしょう。

遊びにおいて指導員の重要な役割は、地域や近所、子どもの家族など身近な人々の姿や行為への憧れを豊かに引き出していくことです。コマ回しやビー玉の上手なおじいさん、お手玉やおはじきの名手のおばあさん、ピカピカだんご作りのおじさんなど遊びの達人がいるかもしれません。あるいはいろいろなプロの人がいます。魚屋さんがいれば、子どもの目の前でさばいてもらいましょう。お蕎麦《そば》屋さんがいれば蕎麦をうってもらいましょう。生け花や、お茶や編み物教室のお師匠さんがいたら教えてもらえます。楽器やダンスなどクラブやサークル、趣味で何か上手な中学生や高校生、大学生もいるでしょう。大学の先生だって、博物館の職員だって、みな好きなことで「専門家」です。実は釣りが好きなお父さん、動物や虫の飼育に長《た》けた人、ケーキ作りやお料理が好きなお母さん、囲碁、将棋が強い人、外国から来た人……。

メディア上のスターでも、ヒーローでもありません。少し怖かったり、苦手なことをもっていたり、「負の側面」をもっていたりするかもしれません。地域の生活のにおいがし、息づかいが聞こえる身近な人です。しかし得意だったり好きだったりする分野では自分を生かし、輝かしている人です。学童保育の周りにたくさんいるはずのそういう人たちと子どもたちとをつなげていくことこそ、指導員集団が全力をあげて取り組む仕事となるでしょう。

そして、それぞれの学童保育が個性的で豊かな遊び世界に満ち、伝播《でんぱ》伝承が自然と行われるようになっていったとき、子どもたち自身が憧れの存在となっていくようになります。自分が、ある面では「世間」に認められ、小さい子たちに憧れられる存在であることを感じたとき、自信が生まれ、より高みをめざすようになります。京都の四方《しかた》さんは、子どもたち自身が次々とコマの技を開発し、伝承化されて集団の豊かなコマ文化となっていくことを報告しています（四方、２００４）。新しい技に「○○方式」と開発者の子どもの名前がつけられます。誇りと憧れが交錯するなかでこそ学童保育は豊かな「発達」の場となるのだろうと思います。

●遊び指導論を豊かに――多様な指導のあり方

(1)指導員も思いきり楽しむ――「パンツ王国物語」

指導員自身が、さまざまな遊びに興味をもち、子どもとともにおもしろがって遊ぶことの重要性はいうまでもありません。

大人も遊びの参加者として一緒に楽しむなかで、かえって子どもの奇想天外のアイディアと行動力が発揮されることを教えてくれる、「児童クラブホロホロ」での「演劇祭」の実践（谷地元、2008）を紹介してみます。

学校の学芸会の練習がつまらないと言う子どもたちに「演劇はもっと楽しいもの」とけしかけて始まった演劇祭。大人でも子どもでも誰が監督になってもよく、5～6人で自由にグループをつくり、オリジナルの脚本づくりから始まります。全員の投票でベスト1「モチャデミー賞」（谷地元さんは「モチャ」と呼ばれている）を決定することになり、グループの劇づくりにも熱が入ります。1年目から盛り上がったのですが、2年目、まさに「子ども恐るべし！」の「ホロホロ演劇祭」となりました。　子ども監督3作は、小4監督「柔道1本」、小5の2人監督「ゴチラ」、小6の2人監督「ブリーフ物語」（後の「パンツ王国物語」）、大人監督はモチャールバーク（谷地元さん）監督「名門！　平成女学院」、ヒロマサ明監督「おれたちの明日」、セバスチャンガッポリーノ監督「ハートにアタック」で、合計6作品がノミネートされます。それぞれ秘密裏に練習を重ねていきますが、評価が高まっていったのが「名門！……」。谷地元さんが、人前に出ると緊張してしまうような女の子を集め、授業場面で先生の質問をすべてスピード感をもってダジャレで返すというもので、練習中に脚本が新しいダジャレでどんどん進化していくというすさまじい作品だそうです。一方、「パンツ……」は6年の監督2人とメンバーの間がギクシャクしていて練習の出足が悪かったようでした。

迎えた本番、3番目に発表となった「名門！……」は下馬評《げばひょう》通りのテンポよい進行で、フィナーレはドレミの歌の替え歌で「ダジャレの歌」の全員合唱で盛り上がり、「モチャデミー賞は決定」の声が多数あがったのです。ところが次に登場した「パンツ……」、練習終盤で追い込んだか、予想外の展開。頭にそれをかぶったブリーフ族とトランクス族の激しい戦い（自由だとかぴったりしているとかムレるとか、チョロチョロと落ち着かないとか……）が、女王のひと声でおさまったと思いきや、宇宙からやってきたノーパン族（なんと全裸の1、2年生）に攻撃されます。あわやパンツ王国崩壊かというとき、再び女王の「お願い、パンツはいてみて……」の懇願に、ノーパン族はブリーフやトランクスをはいて「キモチがいいゾー」などと気に入って平和が戻り、大団円となります。これには場内大爆笑、大人たちも涙が出るほど笑い感動したということで、満場一致でモチャデミー賞に輝いたのです。6年の監督が、低学年の子が喜ぶためにどうしたらいいか考えて、全裸登場ということになり、低学年の子は、高学年の子が自分たちの技でぶっとんでくれるのがおもしろくて喜んでぬいだということです。

(2)遊びの参加者として

この実践の教えてくれることは、第一にとにかく「おもしろい」ことに指導員も子どもも一緒に取り組んでいることでしょう。アイディアは出しますが、それは生活をともにし豊かにしていきたい者として、あるいは遊びをおもしろくするために参加者として、同等な立場からです。遊びのなかでは参加者として子どもと同等性をもつこと、子どもたちに遊び仲間として受けとめられることが重要です。遊びはある行動のし方や技の達成、形成に向かうことと、そこからの違反、逸脱との間を揺れ動きます。どのように揺れ動くか、どのように決定されるかは、「おもしろさ」の問題として遊ぶ者の自由です（河崎、1983、1994）。大人の場合、社会のなかでの子どもとの位置関係の立場上、子どもに形成すべき行為、行動、態度、姿勢などを、すでにイメージ化していて、そこに向かって「教育」しようとすることが多いでしょう。そのままでは、遊びで自由に揺れ動くはずの違反、逸脱を社会的立場上いつも押さえ込みがちになり、遊びのもつ自由さ、そしておもしろさが失われてしまいます。ですから、指導員は、一方で行動のし方や技の達成、形成を提案し導入したりしながら、他方では、違反、逸脱、失敗に対し、場合によっては自らも逸脱することも含めておおらかでなければならないでしょう。

このことは、いつも遊びのなかで逸脱や違反がなければならないということではありません。ときに真剣に技や行動の達成に向かい、それを励《はげ》まし鼓舞《こぶ》することもあるでしょう。達成されたときの喜びと共感は子どもにとっても集団にとっても大きな意味をもっています。しかし「逸脱や失敗をしてもよい」状況のなかではじめて「達成へ向かう努力」が「自主的な」ものになり（河崎、1994）、だからこそ達成の喜びも大きいわけです。

「遊ぶ」ということはそういう自主性、自発性を発揮する空気が満ちている場ですから、指導員が子どもと遊ぶことによって、そういう場の雰囲気を壊すのではなく、むしろ創り出していくことが望まれます。「モチャデミー賞」や「モチャルバーグ監督」など、谷地元さん自身が遊び心をふんだんに発揮して遊びの場としての楽しさを生み出していることがよくわかります。

(3)遊びながら生活の指導者として

一方で、谷地元さんは「人前に出ると少々緊張してしまうような女の子を集め」て「名門……」の劇づくりに取り組みます。あるいは「ブリーフ物語」のグループの高学年と低学年の関係がどうなるか心配している様子もうかがえます。遊びの楽しさを満喫するなかで、そうした人間関係上の問題の解決過程を子ども自身が経験できるように配慮しているのです。それは、遊びの一参加者という立場とは少し異なります。学童保育では、毎日の生活や行動について指導員による管理や指導が不可欠です。本書でもまた4章においてその指導のあり方を検討していきます。遊びが生活の重要な一部として行われる以上、遊びのなかでも、遊びの同等の参加者としてともに遊ぶというだけでなく、そうした生活の管理、指導者としての立場もあります。指導員は、子どもとともに楽しく思い切り遊びながらも、同時に生活の指導者としても行動するわけです。

先に述べたように、学童保育における遊びの指導は、かつては、誰もが経験したことのない歴史的に新しい活動分野なのですから、このように異なる立場を混在させて子どもに接することは、頭で考えると難しそうです。しかし、筆者が知る多くの指導員は実践的には実現しています。新しい分野のプロの力量を構成していることなのでしょう。

(4)多様な指導――境界は自分が決める

たとえば学童保育の全国研究集会や、日常の指導員の研修などで、多くの遊び（方）を交流し、学童保育に持ち帰って、新しい遊びを導入することも指導員の重要な役割です。

3節で紹介する学童保育「藤っ子会」の中根さんの「1000点ルール」のように、新しいルールの発案と実行なども指導員のすることでしょう。

あるいは、コマ回しの技の達成を目標化し紙に貼りだしてみんなが参加できるようにしたりすることもあるでしょう。宝探しの地図や探険に誘う手紙を投げ込むなどのこともあるでしょう。これらのかかわり方は、先に述べたような「ともに楽しんで遊ぶ」ことと「生活の指導者」との立場のどちらになるかといえば、明確な境界をひくことはできません。それらの中間にあるような、遊びのリーダー役のようでもありますし、子どもの遊び集団の外から隠れてしかける人でもあります。

もともと「生活の指導」そのものも、厳然と子どもに要求する場合と、それとなく子どもに気づかせていく場合と、話し合いながら納得づくで理解できるようにする場合など、さまざまにあります。そのうちで暴力や暴言、体罰に訴えるような「指導」は子どもの基本的人権を侵すものであり、今日ではあってはならない方法です。子ども1人ひとりが人生の主人公としての権利主体であり、成長するかけがえのない存在であるという子ども観を、どれだけ実際に即して指導のし方に実現するかどうかという問題になります。そうした基本をおさえつつ、遊びにかかわる指導のあり方は実に多様であることを確認していくことが必要でしょう。それらは実践を積み重ね、交流し合い、相互に学びながら、模索していくことがらでしょう。

さらに、研修や交流はみなが同じやり方をするようになるためのものではありません。基本的なことと自分なりのスタイルとが両方豊かになっていくことが大事でしょう。指導員はマニュアル通りに動く「チェーン店のアルバイト」ではありません。自身がユニークでかけがえのない個性をもっている人間です。その学童保育の指導員集団はその学童保育のユニークな雰囲気と文化を創りあげていくものですし、そこで生活し遊び学んでいく子どもたちのこれまたユニークさ、かけがえのなさを形成する一つの重要な要因でもあるのです。

●多様で豊かな遊び世界を創り出す

(1)いろいろな遊び――学童保育における再生と創造

前節で紹介したように、歴史的に「蓄積されてきた遊び世界」は限りなく豊かです。その伝播伝承されながら1960年代以降途絶えがちになってきたさまざまな遊びを、学童保育の場で創造的に復活、再生していくことが望まれます。

かつて「水雷艦長」という遊びがありました。戦前から戦後にかけて広い野外空間で遊ばれた比較的大きな集団の遊びです。二つのチームに分かれ、それぞれチーム内のメンバーは「艦長」「駆逐《くちく》」「水雷」三つの役割に分かれます。「艦長」は相手方の「駆逐」より強く、「駆逐」は「水雷」に勝ち、「水雷」は「艦長」を撃つことができるという三つどもえの役割関係です。自分が勝てる役割の相手を追いかけてタッチすれば相手はアウトになります。ルールにさまざまな変種がありますが、たいてい「艦長」は1人ですので相手チームの「艦長」を捕まえれば勝利です。誰がどの役割をになうか、どの位置関係でどのように進むかなど作戦を立て、協同して戦うダイナミックな遊びです。

この「水雷艦長」はとてもおもしろいのですが、役割名からして「戦争」を連想させるので、このままでは導入したいと思う人はあまりいないし、広がらないでしょう。しかし学童保育の実践のなかで発掘され、「どっかん」と名づけられて、「ライオン」「トラ」「コブラ」（なんでもよいのですが）の三すくみの役割関係にして全国に広がりました。学童保育の運動が遊びを再創造したよい例です。

あるいは「マンカラ」というエジプト由来の遊びはおはじきを使っての頭脳ゲームですが、

エジプト旅行した指導員によって学童保育の全国研究集会で紹介され、あっという間にこれも改造されながら全国に広がり楽しまれるようになりました。日本の伝承遊びだけにこだわる必要はないのです。

コマをぶちながら回すブチゴマは、むちゴマとかたたきゴマとかいわれ、すでに4000年前のエジプト王朝時代の古くから世界的に広がっていた遊びですが、これも1960年代以降は日本では見られなくなっていたようです。筆者は熊野市の小学校の先生の実践で知り、実際に自分で作って試しています。むちで叩いて回し続けられることが魅力的でおもしろいものです。各地の学童保育で紹介してきましたが、どれくらい広がったでしょうか。コマだけでも、缶ゴマや木ゴマ、鉄輪ゴマ、ベーゴマ、糸引きゴマなど多くの種類があるものです。

それらはほんの一端で、歴史と子どもたちが産み出してきた遊び世界の広がりと奥行きはとてつもないものがあります。その大きな世界から「おもしろそう」「あの子たちとやってみたい」という遊びを発掘し再創造して楽しみ、それを学童保育間で交流し伝播伝承の新しい流れを創り出していきたいものです。

(2)遊び仲間はいろいろな人数で

「集団遊びが大事」ということは間違ってはいないのですが、だからといっていつも「学童保育全員で遊ぶ」ことが遊び集団の最高のレベルというわけではありません。

２０００年代、学童保育の大規模化が進み、50人から１００人をこえる施設もあって全員で遊ぶことが事実上不可能なところもあるはずです。条件と実態はさまざまで、「適正規模」を追求する問題もあるのですが、考え方としては、全員で遊びを楽しむときもあるし、１人、２人の遊びがあってもよく、その中間の人数で遊びこまれることもあります。そして遊び仲間の人数は変動するものなのです。さまざまな遊びが遊ばれるとき、新しい人間関係、友達関係が生まれたり、その新しい関係のもとで遊びもまた新しいおもしろさを獲得したりします。その変動は短かったりするし突然やってきたりもします。１人遊びも、２人～３人の遊びも、４、５人～10人くらいで遊ぶ場合も、それぞれに遊びの質（おもしろさ）が展開し、その大小の集団のなかで１人ひとりの子どもが輝くときを見つけられればよいのだと思います。

たとえば野球は完成されたスポーツ競技としては９人×２の18人です。子どもでも「連盟」に参加し正式な競技大会に出場することを目指すならばチームに９人は必要ですし、試合中は９人しか参加できません。しかし遊びとしての野球は競技としての野球と違い、１人の壁あて、２人、３人のキャッチボールやバッティング野球、それ以上の三角野球、大勢のフライ捕りなど、そのときの場と人数の条件で遊ぶことができます。上手でも下手でも好きなら参加できます。レギュラーとりの競争のために親子で監督にアピールすることもなく、はずされていやになり「野球をやめる」こともありません。いやならいつでもやめ、やりたければいつでも参加できるという遊びの本質からして、いつも人数が特定しているわけではなく、変動してあたりまえなのです。

(3)集団構成のおもしろさ――「ド・ヴォン」

トランプを使ったゲームです。カードゲーム「ウノ」に似てますが、「上がり方」が違います。「上がれる」条件になったことを宣言した後、自分の手持ちのカードの数字を加減乗除したいくつかの答えの数のカードを他の人が場に出したとき、「ド・ヴォン」と言って上がります。自分の上がり方は何種類かあって変化しますし、自分の出すカードで他の人に「ド・ヴォン」されると負けるので、スリル満点です。また、慌てて「ド・ヴォン」すると、別の人がその同じ数字で「ド・ヴォン」となったとき、先に言った人が負けになります。「勝った」と思ったとたん負けになるという喜びとショックの大きいゲームです。通常4～6人くらいでしますが、2人でも3人でもできます。ですが、遊びに加わりたいという人が多くなって大集団になるときもあります。

筆者の家族は子ども4人の6人家族でした。ことあるごとに家族で「○○杯争奪戦」などと称してこのゲームをしていました。さらに保育所、学童保育と子育て仲間で、お正月や泊まり旅行に行ったときに、このド・ヴォンで楽しみました。5人家族、4人家族と合わせて15人に、そのときそのときで加わる他の参加者3、4人合わせて総勢20人くらいになります。このよう

解説　ド・ヴォン

参加者に5枚ずつカードを配る。残りは山にして伏せて中央に置き，1枚は表にして場に出しておく。参加者は順番に，場に出されたカードとマークまたは数が同じカードを1枚捨てることができる。捨てるカードがなければ山から1枚とる。ただし，「J」カードが出されると次の人は順番を抜かされる。「5」はリバース，「2」は2枚どり，「2」が2枚続けば4枚，3枚で8枚，4枚で16枚とらなければならない。「2」が出たとき手に同じマークの「3」があればそれを出して「2」を「切る」ことができる。「8」はマークを変えることができる。「J」「5」に気づかずにいると「チョンボ」「ブッ，ブー」と囃され，場にあったカードを全部引き取らなければならない。

自分の手持ちのカードが2枚になったら必ず「入った」と宣言する。いわゆる「リーチ」で「いつでも上がるぞ」ということである。手のカードの数について，足し算，引き算，掛け算，割り算した答えのどれかを他の人が出したら上がれる。2つ以上の答えがあればどれも有効となる。たとえば「5」と「3」のカードならば足し算の「8」か引き算の「2」で上がれる。同様に「6」と「2」ならば「8」「4」「12」「3」のどれかで上がれる。ただし手持ちが3枚以上でも足し算して「13」以内であれば同じように「入る」ことができる。他の人が自分の上がれる数を出したとき順番にかかわらず「ド・ヴォン」と言って場に出して上がる。これで1回の勝負がつき，上がりの数を出した人が負け。上がる人が複数いたとき後から出した人は「ド・ヴォンがえし」と言って，勝者になり，先に言った人は一転敗者になる。最初に上がりの数を出した人は負けから救われる。あるいは，自分の出した数で「ド・ヴォン」をされても残った自分のカードで上がれれば「ド・ヴォンがえし」ができる。ただし，自分が出してそのまま自分が「ド・ヴォン」できるわけではない。また，「入った」と言う宣言を忘れたら上がれず，あるいは上がれる数を見逃したら次に同じ数が出ても一回りして数が変わらないと上がれない。違反して「ド・ヴォン」とすると「チョンボ」となりやはり場のカードをすべて引き取る。

（河崎道夫）

な場合、3組のトランプカードを使い、天国、地獄（あるいは地上）、大地獄などと称してグループ化し、入れ替え戦となります。地獄や大地獄で勝てば一つ上の天国や地獄に上がれますが、天国、地獄で負けると一階級転落です。天国は、最上級で座布団や布団があり、お菓子もついてます。大地獄は、部屋の隅とか入り口近くの板間とか座布団なしでおやつもありません。地獄はその中間です。これでおもしろいのは、大地獄に居座る人ができたり、エレベーターのように忙しく昇ったり降りたりする人が出てきたり、天国に○○家が集まりそうになったり、親たちが大地獄に集まって子どもが天国を制覇したり、女の子だけ天国に集まるなどということが起こることです。長く天国にいた人がとうとう転落するや大歓声があがり、ずっと大地獄にへばっていた人が天国に一気に駆け上がって大拍手を受けるなどということも起こります。こうして長い間語り継がれたりする悲喜劇がたくさん生まれます。

学童保育でお泊まり会など、時間がたっぷりあるときにすると、乗除計算ができないような1年、2年が、ちょっと助けを借りて天国に行く、高学年の男の子が大地獄に集まるなどというような愉快なことがたくさん起こります。

(4)人間ドラマが多様に生まれる

こうしたことは、他の遊びでも、たくさんのメンバーが参加できるように工夫すると、多様な関係の人間ドラマが生まれ、そのドラマのなかで1人ひとりの意外な面、新しい面も輝くことができるのです。先にあげた四方さんはいつでも遊びに「よせて！」と言える学童保育環境を創りたいと、さまざまな遊びについて、より大勢で遊ぶためにどう創っていくかを追求しているそうです（四方、２００８）。ビー玉は、「遊びの黄金期」の時代は2～5人くらいで遊ぶ個人戦の路地遊びでした。しかし、そのままのルールでは大勢の子が参加できません。芝生コートや、カーペットコートを発案して場所の工夫はしても、最初の技量の差は参加を制限してしまいます。そこでゲートボールからヒントを得てチーム戦「ホールイン・ボール」を考案したのです。そのことによってそれまで個人戦にはなかなか加われなかった何人かの子どもたちが参加して達成感を経験し、個人対抗ビー玉ゲームにも一番熱中する子になっていったというドラマが生まれたのです。

全体集団で遊ぶということは、同じ遊びをただ大人数でするというだけのことではなく、そこに含まれる大小さまざまな集団関係と1人ひとりの個性的な振る舞いがドラマを創り出すからおもしろさが倍増するのです。逆に小さなサイズの集団では、遊びの対象への好みを深めそれを扱う技を高めることやそれを通じて個別の人間関係の親密性を増すことが相対的に大きな位置を占めることになります。それはそれで重要なのです。遊び集団が大きくなっていくことも小集団の親密性が増していくことも両方とも、遊びのおもしろさの展開に支えられるし、反対に支えるものになっていくのです。

●探険と冒険

(1)自然や街を舞台に駆け回る

学童保育が、ただそこに子どもが「預けられる」場所であることから脱し、生活と遊びが豊かに繰り広げられる場所になってくると、子ども時代を充実して過ごそうと次第に高学年の子どもたちも増えてきました（4章参照）。かつて、子どもの遊びの黄金期（1945～1955年頃）には、この年代の子どもたちは、ギャングエイジと呼ばれていました。徒党をくんで、つまり仲間と小さな社会を形成しながら野山や街中を駆け回り、技を磨いたり、秘密基地を作ったり、冒険したりして遊んでいました。縦横無尽の活躍はときに行きすぎたいたずらになることもあり、大人たちに厳しく叱られることもありました。その大人たちも叱りながらもかつての自分に重ねて、どこか大目に見たりすることもあったのでしょう。いずれにしろ、大人社会への入り口近くにまで来た子どもたちは、遊びのなかで、その成長してきた身体的精神的な力を思いきり発揮していたのでした。

まったく同じことを学童保育でしなくてもいいでしょう。しかし、「大人の入り口近くまで成長してきた身体的精神的な力を思いきり発揮できる」ことが必要であることは間違いありません。保育という場でどのような内容で創造していけるか大きな課題です。

キャンプは、大人も参加して山や川や海などの自然と格闘し、普段味わえないような生活が経験できる重要な取り組みです。これを少し高学年に向けて子どもの自主自立の部分を拡大する取り組みが各地で行われています。先に紹介した北海道旭川の谷地元さんの学童保育では、「十分なドラマが生まれる」ためには長期でなければならないとして、小1～2年生は3泊4日ですが、小3以上は2週間くらいの長期キャンプを行っているといいます。それだけの間、「便利で安全な」人工環境から離れ自然に囲まれて生活するならば、きっと子どもたちが新しいさまざまな力を発揮できる場となるでしょう（谷地元、2008b）。沖縄の山本さんは、子どもたちと「やんばる1周サイクリング」に取り組みました（山本、1990）。1日70キロを走破し、4泊5日かけるというこの取り組みは、小学校高学年らしい体力勝負であるとともに、励まし合って困難を乗り越える機会となります。

全国の学童保育研究集会でもこうした取り組みが交流されています。同じ沖縄では、徒歩のリヤカー旅行。卒業する6年生たちで、食料や泊まり道具をリヤカーに乗せてやはり1週間かけて歩いた距離は120キロ。別の年には「南洋戦跡めぐり」あるいは「世界遺産めぐり」など高学年ならではのテーマをもって行くこともあったそうです。長崎では、30キロ先の温泉への徒歩遠足。9時出発で歩き通し、午後4時着。指導員はふらふらになりましたが、子どもたちは疲れも知らず、たまたまそこであった夜祭りまで参加したということです。このほか、無人島時計なしキャンプや、2000円を元手に大勢の夕食の材料を山里に求めるキャンプなど創意あふれる挑戦が各地で繰り広げられてきました。

次節で「1000点サッカー」の実践報告がある三重の藤っ子会では、毎年「青春18切符」旅行が行われます。4、5年生は指導員が帯同しますが、6年生になると4人～5人のグループをつくり、子どもだけで行き先、行程などの計画を立て実行します。琵琶湖でのバス釣り、大阪でたこ焼きを食べる、三保《みほ》の松原から富士山を眺めるなど、目標は思い思いです。いくつかの列車を乗り換え、あるいは計画通りに行かなかったときに臨機応変に対処するなど、大人の支えなしに目的を果たして帰ってきたその顔は充実感にあふれていて、これでまたひとまわり成長したなと思わせるものだそうです。

(2)探険・冒険とドラマ

25年以上も前のことですが、その藤っ子会では、北畠《きたばたけ》氏という歴史上の人物の「ゆかりの者」からという巻き手紙から発した冒険的遊びが実践されました（池村・河崎、1998）。その手紙が示した「黒き木々にかこまれた」「百

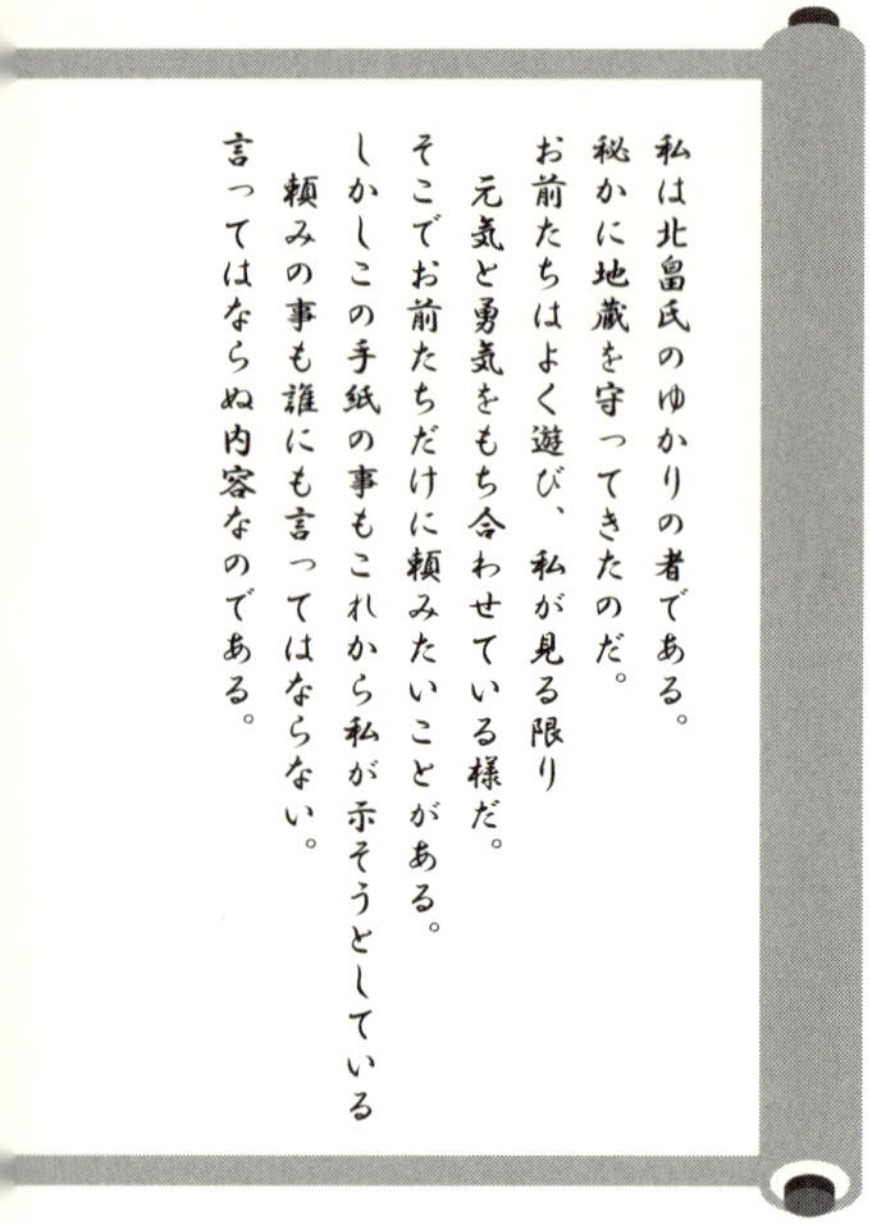
私は北畠氏のゆかりの者である。
秘かに地蔵を守ってきたのだ。
お前たちはよく遊び、私が見る限り
元気と勇気をもち合わせている様だ。
そこでお前たちだけに頼みたいことがある。
しかしこの手紙の事もこれから私が示そうとしている
頼みの事も誰にも言ってはならない。
言ってはならぬ内容なのである。

もし友達、その他の者に言ったとなれば、
　私はその者を黙って見過ごす事は出来ない。
私はお前たちが私の願いをかなえるのに
　ふさわしい人間であるかを試したいのである。

　黒き木々にかこまれた
　　百余の石段
　人々の悲しみと喜びが
　　幾度となく
　涙となり　つぶやきになり
　　ある人は百余の石段を
　　何度ものぼりつめ
　現世の幸福を願った。

　雨の降る日も
　　風の吹く日も
　人々のため息は白き煙となり

　堅き石の塊は無言で
　白き煙の中に包まれている。

この場所を探しだし次の指令を手に入れろ

図2　北畠ゆかりの者の手紙

余の石段」「堅き石の塊」に見合う場所探し（実は普段遊びに行っている首なし地蔵のある神社）が冒険の始まり。宝探しの謎解き（二つの神社と荒野）、「北畠氏*とは何か?」の調査（図書館やまた別の二つの神社）、掘り出した宝を奪っていった「影」の一味とは何ものか、海辺のキャンプ地に現れた「影の手先」の捕獲劇などなど、2年にわたって地域を舞台に知恵と勇気と団結を発揮して駆け巡る大冒険ドラマでした。その遊び精神はこの会に脈々と受け継がれ、「フジミの伝説」「オバベちゃん騒動」などさまざまな冒険遊びがその後も取り組まれています。

また、東京の児童館の宮里さん、北島さんたちは、「自然のなかにドラマを」と、ごっこ的あるいは劇的表現を野外空間で繰り広げる冒険的遊びに長く取り組んでいます（宮里・北島、1986、遊び・劇・表現活動研究所、1993）。子どもたちは、街や公園を舞台に「忍者」「魔法使い」「ミスターX」などさまざまな不思議で怪しい存在と出会います。「イメージ探検隊」は「イメージをふくらませながら街や公園などを歩き駆けめぐり」「物語を即興で作りあげ演じ合いながら、事件を解決して」いくというものです。

先にあげた冒険旅行からこのイメージ探検隊まで、ごっこ的要素の比重や大人の関与のし方はさまざまです。いずれにしても、大きな自然や街や公園などの野外や、あるいはそこに抱かれ地域の歴史にまつわるような神社や寺などを舞台にしています。そこは高学年の子どもたちがその成長してきた身体的精神的社会的な力を、未熟さや失敗も含めて、存分に発揮できる場となっています。探険・冒険においては必ず左か右か、前進か撤退かで迷う事態に陥ります。決断は、その結果についての想像力と集団があればあるほど、揺れ動きます。誰が引き留め誰が最後の断に一押しするのか。断行のあとには歓喜か後悔か。そのとき生まれるさまざまなドラマを経験して、子どもたちの人間としての根っこが育っていくのだと思います。

＊北畠氏……南北朝時代に南朝後醍醐《ごだいご》天皇の側近として重要な役割を担った北畠親房《ちかふさ》が有名。織田信長に追われるまで伊勢地方を治めていたので多くの史跡がある。

●遊びのなかで輝く子ども

冒頭で述べた「遊びの意義論」とともにこの指導論を考え合わせてみましょう。遊びのなかではかけがえのないその子の自分らしさの土台が育まれるということでした。大人でも子どもでも、「自分らしさ」は固定したものではなく、それを発揮する体験のなかでより個性的により豊かになっていくものです。とりわけ子どもは、いずれ選択と決定のときが待っているのです。その選択と決定の可能性を大きく開いておくうえで、子ども時代の豊かな遊び経験が何よりも大事なのです。遊びのなかで、子どもは参加と抜けを選択し決定し、どのように遊ぶかを選択し決定します。その基準は「おもしろい」ということです。「おもしろい」こととは心が動き身体が反応することがらとやり方です。誰に強制されることなく「心の命ずるままに」選択し決定する経験です。もちろん仲間とぶつかることもあるでしょう。失敗し後悔することもあるでしょう。しかしその何倍も楽しく喜びに満ち笑い転げることがあるでしょう。そこに自由の世界で輝く子どもの姿があるのです。

そのおもしろい遊び世界は、すでに膨大に積み重ねられ伝えられてきています。その世界が子どもたちの前に開かれていくならば、子どもたちはそれを楽しみながらまたユニークなおもしろさを新しく創造していくでしょう。コマ回しやけん玉やビー玉やお手玉で、泥だんご作りやケーキ作りや編み物で、木登りや魚釣りや虫捕《と》り・草花遊びで、トランプや将棋やゲームで、鬼ごっこやサッカーや「ドッカン」で、ごっこ遊びや劇や音楽で、探険や冒険やキャンプで……、どの子がどの場面でどのように輝くのでしょうか。大人たちには測り知ることのできないその恐ろしいほどの可能性。それが開く一瞬一瞬を目にすることのできる喜びこそ、指導論のめざすところなのです。

（三重大学　教育学部教授●河崎道夫）

3 学童保育における遊びの実践

●藤っ子会と遊びの保育

藤っ子会は、三重県津市に38ある公設学童保育の一つです。藤方地域の小学校の敷地内に二つの施設を持ち、保護者の運営のもと、1年生から6年生まで97人の子どもたちが、共に生活しています。

毎日充実した生活を送れるように、遊びや行事、縦割り班、高学年活動などに力を入れています。なかでも、日々の遊びをもっとも重視しています。学年や性別、得手不得手もさまざまな子どもたちが共に遊ぶなかで、協力、衝突、和解、憧れ、思いやりなど、たくさんの感情が芽生え、かかわりが生まれます。遊びは、体と心を育てることはもちろん、〝人とかかわる、つながる〟またとない舞台です。1人ひとりが好きな分野で力を発揮して、得意も下手も認め合う仲間がいて、誰もが大切にされる子ども集団であるよう、指導員も共に遊び込んで工夫することを心がけています。そのいくつかを紹介します。

●藤っ子会で楽しまれている遊びと、大きな取り組み

陣取り　四つの正方形の陣地に分かれ、ジャンケン（鬼決め）とタッチを繰り返し、勝てば1マスずつ陣地を広げていきます。逃げるために蛇《へび》のようにひたすら細長い陣地をつくる子、タッチしやすいように相手を囲む陣地を描く子、陣地を木にまでたどり着かせ、登って逃げていく子など、それぞれの個性がアイデアとなって現れます。また、体の大きな高学年は、狭い陣地内では逃げ場を失ってかえって不利になったり、低学年も数人でチームをつくって、鎖のようにつながって相手にタッチをしにいけるので、学年にかかわらず、勝つことができます。

どっかん　2チームに分かれ、子どもたちはそれぞれ「ライオン」「トラ」「コブラ」のどれかになり、相手のライオンを捕まえる鬼ごっこです。3種の動物は、ジャンケンのように、

強弱の関係が決まっています。誰がライオンかを隠し、探り、駆け引きするおもしろさが魅力です。ずっと陣地にこもっている1年生を、てっきりライオンかと思えばおとりだったり、捕まった上級生を下級生が助けて、「ナイス！」と声をかけられるなど、男女や学年を問わず、集団で遊べています。

キックベース　野球に似た遊びで、ドッジボールのような大きなボールを、打者がキックで飛ばします。高学年と遊ぶ場合、女の子や低学年は、ホームインすると5点になり、守備のときにはバウンドしてきたボールでも、キャッチすれば打者をアウトにできる、というルールでしています。このルールを機に、女の子の参加が増え、夏休みに保育のお手伝いに来てくれるお母さんたちも入って、にぎやかに遊んでいます。もちろん、お母さんたちも〝女の子〟なので、5点です。

4人将棋　通常の将棋盤の左右に、縦3列×横9列の陣地をくっつけて、4人で将棋をできるようにしたものです。正面の相手を攻めていたはずが、横合いから別の相手に攻められたり、それに対応している間に攻め込ませた駒を別な人に奪われたり、標的が変わったおかげで助かる子がいたり、何も動かずにいた子に終盤ひょっこりと勝つチャンスが巡ってきたりもします。なかなか先の展開が読めないスリルがあり、連勝するのがなかなか難しいです。

4人・跳ね将棋　縦3列×横4列の長方形の陣地を四つと、縦横とも4列の正方形の陣地を一つ準備します。正方形の陣地を中心にして「十の字」型に置きます。長方形の陣地に、1人12個ずつの持ち駒を並べ、順に一つずつ動かしていきます。一番早く、12個すべてを向かい合う相手陣地に入れれば勝ちになります。駒がつながってならんでいれば、誰の駒でもかかわらず、跳び越えて進むことができるので、一気に跳んでみたり、相手に利用されないよう逆に跳ばずにいたり、という駆け引きがとても面白い遊びです。

その他に、「あて鬼」「くつとり鬼」「たんぼ鬼（ごっとん）」「どんつき」「マンカラ」「けんかゴマ」「けん玉」「一輪車」「ダンス」「ゴムとび」なども人気があり、集団で楽しんでいる遊びです。

プール記録会　夏休みの行事の一つです。学校のプールを使って行う保育の最終日に、どれだけ長い距離を泳げるかに挑戦しています。目標は、25メートルという子から、藤っ子会の新記録を狙うという子までさまざまです。数メートルという子や「顔を水につけられました」という記録の子もいます。「お兄ちゃんの記録（800メートル）を超えたい！」と粘り強く泳ぎ、倍以上の2250メートルを泳いだ3年生や、3時間近く泳ぎ続けて6000メートルに達した6年生もいて、「すごい！」と歓声が上がりました。子どもたちには、人と比べて順位や優劣をつけるのではなく、1人ひとりが自分の目標に挑戦する気持ちや、達成したときの自信、友達の記録を称える優しさを育ててほしいと思い、取り組んでいます。

青春18切符　4、5、6年生の行事です。数班に分かれ、JRの青春18切符を使って、京都や大阪、静岡や兵庫などに、1日旅行に行っています。原則として、大人（指導員）が引率せず、子どもたちだけで旅をするのですが、そこでいろいろなドラマが生まれます。乗る電車がわからなくなったり、迷子になることもあります。道中で財布をなくして電車賃も失ってしまったものの、班の仲間がお金を出し合い、足りない分は駅員さんと交渉して帰ってきたという出来事もありました。あえてトラブルも経験し、そのなかで仲間が力を合わせ、周囲の人たちの知恵も借りて乗り切っていくことも、〝生きる力〟につながることと思います。

ロマンハウス、ドリームカー　藤方地域の文化祭に、みんなでダンボールの家（ロマンハウス）と車（ドリームカー）を作って出展しました。大きなロマンハウスの柱は、高学年が「せーの！」と音頭を取って、たくさんの子どもたちが一斉にダンボールを巻き上げて作りました。ドリームカーの〝エンジン〟は一輪車です。3人乗り、4人乗りの車体を抱えた子どもたちが、一輪車をこいで走っていく姿に、保護者も大笑いで感心していました。

FJXILE（フジザイル）との対決　保護者とOBによって結成された謎の人気集団FJXILEと、年に数回、ドッジボールやサッカーなどで対決をしています。子どもたちは、どれだけ力いっぱい投げても軽々とキャッチするお父さんの技に驚いたり、また、ドリブルを止めにくるお母さんをかわしたり、スタミナの尽きたお父さんを抜いて勝ち誇ったりと、本気の試合を楽しんでいます。子どもも保護者も、お互いに、知らなかったすごさを見つける機会になっています。また、普段ドッジボールやサッカーにあまり入らない子どもたちでさえ、この日になると大勢参加します。保護者も、遊びの充実に大きな役目を果たしてくれています。

その他にも、「夏まつり」「サバイバルキャンプ」「釣り」「山登り」「卒会旅行（京都サイクリング）」などさまざまな行事に取り組んでいます。

図3　4人将棋

図4　ドリームカー

図5　謎の人気集団 FJXILE

●遊びを豊かにしていくために

⑴ 1000点ルールの誕生

藤っ子会では、以上のようにさまざまな遊びをして楽しんでいます。サッカーやドッジボール、キックベースなども、人気の遊びの一つです。

その、サッカーやドッジボール、キックベースといった遊びを、縦割り集団で展開し、仲間を広め、盛り上げていく点で、課題を感じていました。

全学年が入り混じってサッカーをしていると、やがて多くの1年生や2年生たちは、「つまらん」と言って、抜けていくことが多かったのです。「だってボールにさわれへん」「高学年がパスをくれへん」というのが、理由でした。たしかにその通りでした。誰だって活躍したいのに、ボールに触れることもなく、走っているだけ、目で追っているだけなんて、あまりおもしろくありません。

コマやけん玉といった伝承遊びなら、学年にかかわらず、こつこつと努力を重ねた子が上手になれます。これが伝承遊びの醍醐味の一つだと思います。高学年よりも上手な低学年が生まれることは、珍しいことではありません。ところが、サッカーやドッジボールのように、スポーツの要素が強い遊びになると、一対一で1年生が6年生に勝つのは難しいことです。年齢による体格や体力の差が、勝敗に大きくかかわってきます。そればかりか、大きな影響力をもつ高学年たちが、集団を牛耳《ぎゅうじ》って、自分に都合の良いように、遊びのルールを変えてしまうことさえ、起こることがあります。一部の子どもたちの勝手で、せっかく集まった仲間みんなの楽しみが左右されてしまうような、そんな子ども集団であってほしくありません。

遊びを通して、人を思いやる気持ちをもつ集団に育ってほしいと思います。そのためにサッカーのルールの工夫に取りかかりました。けれど、以前に失敗したことも思い出しました。数年前、たとえば〝高学年はシュートを打ってはいけない〟〝高学年は利き足で蹴《け》ってはいけない〟〝低学年がボールを持ったら、蹴るまで待ってあげる〟など、高学年を制限するルールをつくって、うまくいかなかったことです。そのときは、高学年が「つまらん」と遊びをやめていき、残った低学年たちだけでは、試合が成立しないほど、人数が減ってしまいました。また、サッカーを通じてまとまっていた高学年集団が、2人～3人ずつのいくつかの小集団に分裂してしまいました。遊びを通して、高学年と低学年、男の子と女の子、得意な子と苦手な子を結びつけたいと思っていたものの、全く反対の失敗となってしまったので、この安易なルールをすぐに撤回した、そんなことがありました。

このことから、低学年をかばうあまり、高学年の楽しみを奪うようなルールを設けても、集団遊びは成功しないと痛感していました。ならば、どうすれば、高学年のなかで1年生が活躍できるのか、低学年のなかで6年生が全力で遊べるのか、「入れて」と言う子どもたちがみんな入れて、誰もが勝負に夢中になれて楽しめるのか……そう願うなかで生まれたのが、〝1000点ルール〟でした。

(2)憧れのリーダーを育てる

1000点ルールでは、サッカーをする際、普通のルールにいくつかの工夫をしています。大きく異なるのは、得点です。その日集まった子の学年や性別ごとに、1人ずつ得点を変えています。

6年生は体が大きく、足も速く、上手でスタミナもプライドもあるので、彼らを〝1ゴール＝1点〟と基準にしています。そこに加わってきた下級生を優遇し、得点を高く設定しています。たとえば、3年生なら1ゴール＝5点、2年生は10点、1年生は100点!、そして女の子なら何年生でも1000点!、あと、初めての子がゴールしたらその時点で「勝ち!」と、まさにその日のメンバー次第です。けっして、厳密に何年生は何点とルール化しているわけではありません。その日集まったメンバーの最高学年が3年生なら、3年生を1点にし、1年生を10点にするなど、顔ぶれを見てから、点数を決めて遊んでいます。こんな風に、その日集まったみんなの思いやりや遊び心で、得点は増減します。ちなみに、1000点ルールという名前は、「女子は1000点!」というインパクトの強さから、そう呼ぶようになりました。

このルールが、早速いろいろな影響を、子どもたちに与え始めました。1人ひとりに、集団に、手応えのある変化が見られるようになってきました。

4年生のダイチは、寡黙《かもく》ながらスポーツならなんでも得意で、勝負にのめりこむ真剣さももち合わせている男の子です。ただ、人を困らせるイタズラが好きで、そのせいでひんしゅくを買うこともままあります。サッカーの試合中でも、仲間に気をかけず、ワンマンプレーに走りがちでした。誰がなんと言おうとゴールキーパーになり、相手のシュートを止めたら、そのまま1人で強引にドリブルを始め、シュートを打って帰ってくるか、それともボールを奪われて無人のゴールにシュートを決められてしまう、というパターンの繰り返しで、仲間からは「パスくれへんから一緒のチームになるの嫌や」「ゴールキーパーやのにゴールにおらん」と非難され、〝勝手〟〝わがまま〟というイメージがついてしまいました。

けれど、1000点サッカーをきっかけに、彼は「ボールを蹴り続けていないと気が済まない」というわがままでワンマンプレーをしていたのではなかったとわかりました。人一倍勝負にこだわる彼は、とにかく試合に勝つため、良し悪しはともかく、彼なりに一番効果的と思う手段として、ワンマンプレーになっていたとわかってきました。

1000点ルールの特長は苦手な子、学年の小さな子ほど得点が高いことです。そう説明をすると、彼は途中まで聞いて「…ふ～ん。…あ、わかった」と、つぶやきました。試合が始まると、口数の少ない彼のほうから、仲間の1年生に話しかけ、「パス出すから。ゴール前におって」と指示を出し、自分はシュートをしなくなりました。その代わりに、1年生にどんどんパスを送り、シュートを打たせるように、変わったのです。低学年がチームにいて、ゴールを決めてくれれば、試合に勝てる、とすぐに気が付いたからでした。たった1日で、まるで別人のようにプレーをする彼にとても驚きました。

その後の彼は、徹底してそういうやり方で試合に臨むようになっていました。そして数カ月たった頃には、すっかり仲間のなかで力を発揮するようになっていました。「サッカーするヤツ、集まれー!」と大声で仲間を誘い、試合中には、指示を出したり、「オッケー!」と励ましの言葉をかけるなど、チームのリーダーの1人といえるほどに変わっていたのです。そんなあるとき、ワンマンプレーにはしる3年生を見た6年生のソウマは、「あいつは昔のダイチみたいや……。今のダイチは、うん、成長した!」と、つぶやきました。〝わがまま〟と言われていた悪いイメージを塗り替え、頼りになる仲間の1人として認められてきたことがわかります。それが自信にもなったのでしょうか、日々の生活のなかでも口数が徐々に増えてきました。「陣取り」など他の遊びでも「おれは〝陣取り大好きクラブ〟の会長になる」と言い、学年や男女を問わず、友達を誘うようにもなっています。遊びの中心となって集団を引っ張るという、彼にぴったりの居場所を得たことが、とても嬉しいことです。

6年生のコウタも、1000点サッカーを機に、隠していた力を発揮してくれた1人です。また、1000点ルールに、新しい工夫のきっかけをくれた子でもあります。

あるとき、「あっちのチームは1年生が1人おる。こっちはおらんやん。1年生は100点って高すぎへん？　50点とかにしようよ」と言ってきました。「もし1年生にゴールされたら勝てへんやん！」と、勝負にこだわる一心でした。「じゃあ、高得点の1年生や2年生がチームにいっぱいおったら有利、ってことかぁ。いっぱい呼んできたらどう？」と言ってみました。彼は、サッカーはもとよりスポーツはなんでも得意で、下級生からも慕《した》われているいい男です。ただ、積極的に人前に立ったり、率先して目立つようなことをするのは好まない子でした。ですから、「呼んできたら？」と促しても、目立つことは嫌かな？　それとも日頃かかわりのある2、3人くらいには声をかけるかな？　と思って見ていました。ところがそのとき、彼は運動場の真ん中に駆けて行き、そこら中で走ったり、穴を掘っている1、2年生たちに向かって、運動場に響く大声で「サッカーしようぜ～！」と叫び、チームメイトの勧誘を始めたのです。彼のそんな大声を、初めて聞きました。その声に誘われて、何人かの1年生がてくてくとやって来ました。勝ちたいという気持ちが、友達を引っ張り込む、力強い行動になって現れたのでしょう。これが新しい仲間をつくり、みんなが認めるリーダーの1人として、尊敬される結果につながったことは、先のダイチのケースともよく似ています。

また、コウタが「もし1年生にゴールされたら勝てへんやん」と言ったことが、さらにルールを工夫するきっかけになりました。それまで、ルールの工夫は、どちらかと言えばサッカーが苦手な仲間や、学年の小さな仲間が活躍できるためのものでした。けれど、得意な仲間のためにもあれば、もっとおもしろくなるかもしれないと思いましたし、さらに、何十点と差がついて「もうムリやし」とあきらめていた子どもたちでも、楽しみを持ち続けられるようにとも期待して、「ダイレクト（仲間からのパスを止めずに直接蹴ってゴールする）は点数が5倍」「ヘディングなら10倍」「オーバーヘッドなら１００倍！」というルールを追加してみました。たとえば、10点の3年生がヘディングでゴールを決めると、10倍の１００点がチームに入ります。少し難度は上がりますが、仲間が協力して、ひと工夫加えれば、一挙に大量点を取ることができます。

新ルールを得て、子どもたちは、期待以上の面白い行動や連携を見せてくれるようになりました。ヘディングは10倍と聞いて、地面に転がっているボールに、わざわざ頭から突っ込む5年生や、仲間の頭を目がけて浮いたパスを出そうと蹴っているうちに、コントロールがやたらと良くなってしまい、今ではコーナーキックの担当に指名されるほどの2年生、チームメイトにポジション（配置）の工夫を持ちかける頭脳派の3年生など、各々の特技や長所をさらに見せてくれるようになりました。

2年生のヒロキは、相手のゴール前に陣取って、仲間からのパスを待ち、とにかく得点5倍を狙って、ひたすらダイレクトシュートを打っていました。足が速く、チャレンジを怖れない性格の彼にはぴったりの役目でした。でも最初はミスばかりで、毎度ボールはとんでもないあさっての方向に飛んで行き、球拾いに走るのが常でした。ときに上級生から「あわてんなよ！」「いっぺんボールを止めてから蹴ればええやん」と半ば文句混じりで声をかけられても、はずして「あ～あ……」とため息に包まれても、彼はダイレクトシュートを繰り返していました。そんな日が続いたあるとき、さすがの彼も、「おれは下手やで、もうフォワード（攻撃）やめよかな……。サッカーも抜けよかな……」と自信を失って、試合中に泣いてしまうこともありました。一度落ち込んで泣いてしまうと、涙をふいて立ち直るまでに、なかなか時間がかかってしまう繊細さももっているのですが、そういうときはみんなが試合を一度止め、周りを囲んで、彼が笑うまで励ますやさしさを、見せてくれるようになってきました。

そうやって、いつもの仲間たちに誘われ続け、上級生からパスが送られ続け、頑固なくらいやり続けた結果、1年たった頃にはすっかり上達し、ダイレクトシュートの達人になってしまいました。もう「おれは下手や」と落ち込むことはありません。仲間からはとても頼りにされ、相手からはシュートを怖れられています。失敗しても失敗してもへこたれず、毎日粘り強く続けて遊び込んだことで、技を磨き、自信をつけ、仲間の信頼も勝ち取った彼は、この学年のリーダー的存在の1人へと、成長しました。

このダイチ、コウタ、ヒロキの3人の例は、もともとサッカーの得意な子どもたちが、1000点サッカーを機に、集団の中心的存在へと成長していったケースです。かっこよく、頼りになるリーダーとしての姿が、下級生たちの憧れやモデルとなって、また新たなリーダーを生むことでしょう。そしてリーダーたちが、やがて遊びだけでなく、日々の生活のなかでも、みんなを助け、まとめる力を発揮してくれる存在になってくれるように、育っていってほしいと期待しています。

(3)誰でもそのままで活躍できる

ところで、1000点ルールのそもそもの目的は、高学年と低学年、男の子と女の子、得意な子と苦手な子を遊びで結びつけて、集団をつくることです。そして、一番の醍醐味は、得意な子も苦手な子も、今の力量のままで活躍できることです。体の小さな低学年でも、運動が少々苦手な子でも、初めて挑戦した女の子であっても、誰もがヒーローになれるし、「おまえのおかげで勝てた！」「また明日も一緒にやろう！」と、大切な仲間であることを実感することができるのです。

ある日加わった3年生のマユと5年生のミライは、サッカーも初めてなら、男の子集団と遊ぶことも、日頃ほとんどない女の子たちでした。ところが、1000点ルールでは、この2人は〝女の子〟しかも〝初心者〟なので、とんでもない高得点になります。彼女たちがチームにいることが、大変なメリットになるのです。4年生の男の子タケシは、この2人に、何度もパスを送りました。けれど相手に邪魔をされ、なかなかゴールはできません。しかし、勝つために、彼は不満を言わず、根気よくパスを出し続けました。試合終了間際、とうとうマユがゴールを決めたとき、2人はとてもとても嬉しそうに、ハイタッチをしていました。そして、チームの仲間たちも全員で、「ヨッシャー！」と輪になって喜んでいたのです。

繰り返しますが、彼女たちは初めてのサッカーで、日頃男の子集団と遊ぶこともほとんどありません。けれど、そんなことは関係なく、みんなが一つになって喜ぶその姿が、とても印象的でした。

1000点ルールで、集団の顔ぶれや質までもが、劇的に変わるということを実感したときでもありました。力の近い子どもたち同士で遊ぶのならば、普通のルールのままでも楽しめると思うのです。しかし、得意な子と、まだ苦手な子が一緒に遊ぶ場合は、配慮が必要です。成熟の度合いが低い遊び集団の場合だと、楽しんでいるのは得意な子と、あとはせいぜいその取り巻きだけで、苦手な子は省みてもらえない、ということも起こるのではないでしょうか。そんななかでは、彼女たちも、活躍はおろか、ボールにさわらせてすら、もらえなかったでしょう。そして、楽しいと感じることも、明日もしようと思うこともなく、終わっていったかもしれません。そうならないために、苦手な子がいることがチームにとって邪魔ではなく、むしろ〝メリット〟になるように、ルールの工夫という形で指導員が介入することが、必要だと思っています。このケースは、ルールを少し工夫すれば、力量の違う子どもたちでもこれほどまとまり、やさしくもなれるという手応えを、与えてくれた出来事でした。

また、あるときは、普段の縦割りのチームから趣向を変えて、高学年（5、6年生）チームと、低学年（1～4年生）チームとで試合をしてみたこともありました。低学年は高学年に比べて、技や体力では見劣りするものの、人数が多く、また1人ひとりの点数も高いので、おもしろい試合になるだろうと思っていました。やってみると、ダイチやヒロキの活躍で、あっという間にスコアは43対2と低学年側が圧倒的にリード。高学年はダイレクト（得点5倍）や、ヘディング（10倍）で対抗しますが、ゴールを決めることはできませんでした。「5、6年に勝っとるし！」と低学年たちが喜んでいると、そこに「入れて～」と、のんびりやって来たのは1年生のエイジでした。低学年チームにではなく、以前に誘われて仲良くなったコウタのいる高学年チームに入りたいと言うので、そうなりました。この日の1年生は50点。低学年チームにとっては脅威となりますが、まだ経験が少なく、ボールさばきも少々おぼつかない1年生でしたから、全く気に留めませんでした。

ところが、コウタを始めとする高学年たちは、相手のゴール前にエイジを佇《たたず》ませておいて、シュートを打たせるため、どんどんパスを送り始めました。低学年チームは、1年生の彼を甘く見ていたので、誰もマークについておらず、おかげで彼は悠々としたものです。送られてきたボールを丁寧に止めて、「よっこいしょ」と振り返り、コロコロとシュートを繰り返します。これは危ない、と低学年側が阻止しにかかったときは、コウタがエイジの真横までドリブルでやって来て、シュートを打ちやすいところにボールをセットします。おまけに彼がシュートを打つまで、体を張って相手の接近を防ぐという、念の入れようです。

この攻撃がはまり、たちまち2本、3本とゴールが決まって、終わってみると43対152で高学年チームの勝利となりました。低学年にとっては「今、何対何?」と点数の計算もままならないほど、サッカーのスコアとしてはちょっとありえない点数ですが、これも1000点サッカーの面白さです。

ゴールが決まるたびに、高学年チームは1年生のエイジを囲んで、ハイタッチをしたり、「ナイスシュート!」と声をかけたり、大喜びです。輪の中心の彼も、褒《ほ》められて、とても嬉しそうにしています。一方、相手の低学年チームはというと、ゴールを決められるたびに、みんな崩れ落ちて運動場にこけていました。「もう逆転できない」とさぞ落ち込んでいるのかと思いきや、そうではなく、みんなこけながら大笑いしているのです。鮮やかにしてやられた、その様子があまりにもおかしくなってきたのでしょう。それに、無邪気に喜ぶ彼の姿を見ると、敵も味方も、みんな笑顔になっていたのでした。

試合を終えた後、エイジは「おまえがおったで勝てた」「明日も一緒のチームでやろうぜ！」と、高学年たちから口ぐちに声をかけられていました。それ以来、そして次の年も、サッカーをしたいときは必ずコウタのいるチームに「入れて～」と、のんびりやって来ます。

高学年から頼りにされた経験、みんなから讃えられてヒーローになった誇らしさ、そして「明日も一緒にやろう」と、大切な仲間だと実感できたこの思い出は、ずっと彼の心に残るのではないでしょうか。こんな感動を、遊びの仲間みんなに感じてもらいたいと思いますし、やがて何年か後、次は彼が、下級生に喜びを与えてくれるお兄さんになっていてほしいとも、願っています。

(4)憧れと思いやりの連鎖を

こうして、以前なら、強い者勝ちという風潮のあった集団が、苦手な子や初めての子も活躍できて、楽しんで遊べる集団に変わってきました。

ある日、2年生のヒロキ、グッチ、トモキと、ナカ（中根）がボールを蹴っていると、1年生の女の子ジュンとナミがやって来ました。この2人は、サッカーは初めてです。2年生の男の子たちと遊ぶことも、珍しいほどです。2人は、ナカとチームになって、2年生たちと試合をすることになりました。初めての1年生相手でも、2年生は勝ちを狙ってくるだろうと思ったので、彼女たちも楽しめるように、自分ががんばろうかなと考えていたのです。ところが試合が始まると、いつもなら激しいプレーが持ち味の2年生たちが、パスをし損なったふりをして、彼女たちにボールを渡しています。また、「うわっ、強っ！」「すげぇ！」と大げさに褒めたり、シュートを打つまで、わざともたもたして待ってあげたりと、とてもなごやかに遊んであげているではありませんか。

冒頭であげた、〝低学年がせっかく遊びに入っても、ボールにさわれなくてつまらない思いをしている集団〟の姿や、〝下級生がシュートをするまで、高学年は待ってあげようと指導員が決めて失敗した〟例とは全く違っていました。「ボール蹴らせてやれよ」とか、「シュートを打つまで待ってやろか」と、こちらから促す必要は全くありませんでした。2年生たちには、相手をやっつけよう、という気配は全くなく、彼らの意思で、初めての1年生も楽しめるような遊び方をしてくれていました。1000点サッカーを機に、自分たち自身が、高学年からやさしく、大事にされるようになったからでしょうか。だから同じように、1年生に温かく接したのかもしれません。

ここでも、遊び方を工夫すれば、１人ひとりに友達を思いやる気持ちを芽生えさせ、温かい集団をつくることができるという、手応えを与えてくれました。遊びは、子どもが育つ格好の舞台だと思います。指導員も共にとことん遊び込めば、集団の課題が見えてきますし、打開のヒントに気づくこともできます。１０００点ルールも、その一つです。これからもさらに子どもたちと遊び抜いて、心を刺激する遊びをたくさん提供していこうと思っています。

●１０００点ルールをもっと幅広く遊びに取り入れてみる

⑴１０００点ルールの応用――１０００点ドッジ

もう一つ、１０００点ルールをドッジボールに応用して手応えを得た事例を紹介します。

藤っ子会では、ドッジボールはサッカー以上に、もっと男女を交えて楽しめる遊びになっています。さらに、津市では、市内の学童保育所21カ所からなる津市学童保育指導員の会が主催して、秋にドッジボール交流会という行事を行っています。藤っ子の子どもたちも、夏休みの頃から練習をして、全員出場しています。つまりドッジボールは、すべての子どもたちにとって、慣れ親しんだ遊び、になっているのです。

練習に取り組む期間というのは、苦手だったり、嫌いだと言う子たちにとっては、正直あまり楽しくありません。親しみがあるというよりは、避けて通れないと言ったほうが正しいのかもしれません。縦割りでチームをつくるので、下級生にとっては「高学年の投げるボールが速くて怖い」、苦手な子にとっては「ボールを受けられない、投げられないからつまらない」「アウトになって外野に行っても、相手を当てることができないから、内野に戻ってこれなくて退屈だ」というのが、楽しくない理由です。

たしかに、その通りでした。下級生相手なのに、お構いなしにボールをぶつけて威張っている高学年が何人もいました。逆に、苦手で自信もないのに、誰にも守ってもらえず当てられて痛い思いをする女の子や低学年もたくさんいました。また、得意な子同士がボールをめぐって争い、ケンカになっている光景は、なんともみっともないものです。一方、外野に並ぶ〝ボールを投げさせてもらえない〟子たちは、退屈そうに、試合終了の合図を待つばかりです。そのうえ、何とか逃げ切って、たった1人内野に残った子に、心ない仲間は応援ではなく、「当たれー！」という声を浴びせるのです。勝負がつけばまた一から試合になりますから、身勝手な仲間たちはそれを期待していて、「早く当たれ」と仲間に言うのでした。同じ場所で、一緒に遊んでいるように見えても、実は集団はバラバラで、自分さえ良ければいいという意識が根を張っているように感じました。

強い者勝ち、早い者勝ちがまかり通る遊び方は、良くありません。こうあってほしいと願う集団の姿でもありません。得意な仲間と苦手な仲間がいることにそれぞれ意味があり、みんなで揃って楽しめるようにと思い、ドッジボールに1000点ルールを当てはめてやってみました。新しいルールは三つです。

①1試合5〜10分とし、内野に残った子の合計ポイントで、勝敗を決める。

②内野に残った男子は1人1ポイントとする。女子は5、6年生なら1人5ポイント、その他の学年の女子は、1人10ポイントとする。

③女子や低学年に限り、バウンドボールでも相手をアウトにできる（外野から内野に戻ってきやすくなる）。

すると、その日のうちに、たちまち変化が起こりました。子どもたちは、通常のルールのままでは見ることがなかったドラマやさしい姿を、驚くほどたくさん見せてくれるようになったのです。

1試合目こそ、要領をつかめずにいつもどおりの試合をしていましたが、負けたと思っていたチームが、女の子がたくさん残っていて実は勝っていた、という結果を見てから、俄然《がぜん》「女子を守れ！　当てさせるな！」という声が沸き出しました。

もちろん相手は、かえって点数の高い女の子を集中して狙ってくるようになります。しかし、相手の攻撃が激しくなればなるほど、仲間の女の子がアウトにされないように、男の子たちは、その前と後ろを囲んで、体を張って守り始めました。体の大きな6年生は、両手を大きく広げて、1人で何人もの仲間の盾《たて》となり、かばっています。動きの素早い子は、女の子を狙って飛んできたボールに飛びついてキャッチしたり、捕れないと見るや「おれは1点やから！」と身代りになって当たるのです。でも、すぐに相手を当て返して内野に戻ってくる姿は、感動的なほどかっこ良く、また頼もしいものです。すぐ目の前で守ってもらった女の子たちの目にも、そう映っていたのではないでしょうか。また、素晴らしいのは、その献身的な姿が、誰かに強いられたのではなく、勝ちたいという思いからでしょう、自分たちの意思で行っていたことです。

外野に並ぶ子どもたちの様子も、変わってきました。これまでは、内野に戻りたい一心で、得意な子たちがボールを奪い合っていたり、その争いの間にボールが相手のコートにこぼれ、それがまた新たなケンカの種になっていたほどでした。相手を当てる自信のない苦手な子たちには、ボールを投げるチャンスはほとんどなく、また、たまたま目の前にボールが転がってきても、争いを避けるように、わざとかわしていることもありました。しかし、1000点ルールにしてからは、「おれが戻るより、女子が戻った方が勝てるから！」と、これまでボールを奪い取っていたはずの男の子たちが自ら、女の子や下級生にボールを渡してあげて、「思いっ切り投げろよ！」と励ます光景が、見られるようになっていたのです。

誰だって、自分の得意な分野、たとえば投げる、受ける、よけるなどで活躍したいでしょうし、楽しみたいとも思うでしょう。ですが、それだけががんばれる理由ではないように思います。勝ち負けのつくことをやるからには、遊びであっても、勝ちたいのです。勝つために仲間を守り、仲間を生かすことが必要だと気づけば、途端に子どもたちは協力し合い、一つにまとまる力があることを、見せてくれました。

ドッジボールは、藤っ子の子どもたち全員で行う取り組みです。得手不得手、学年や男女による力量の違いから、展開が難しそうに見えもします。けれど、すべての子どもたちがつながりをもてる、またとない機会でもあります。子どもたちの、つながる力を引き出すために、指導員も共に遊び込み、工夫をすることが必要だと思っています。

こうして、身勝手なプレーをしていた男の子たちが仲間に目を向け始めたことで、苦手だった女の子たちも勇気づけられたことでしょう。1人内野に残った女の子に、「がんばれー！」「よけろ！」と、アウトになった外野の仲間から応援が沸《わ》くようになっていました。3年生のマナミは、「上級生のボールは速くて怖いから、試合に出たくない」と言っていた1人でしたが、1000点ルールで練習してから、気持ちが変わりました。「怖いのは変わらないけど、男子が守ってくれるから、試合に出ても大丈夫」と言うようになり、欠かさず練習をし、やがて上級生のボールを捕れるほど、彼女自身も力をつけていきました。仲間の支えがあってこその成長だと思いますし、同時に、これまでばらばらだった集団が、どれほど変貌したのかも、彼女の言葉からわかります。

本番のドッジボール交流会でも、そのままであってほしいと思いました。ただし、不安もありました。交流会は1000点ルールではありませんから、〝誰でも1点〟になるのです。元のルールに戻ったとき、どんな姿を見せてくれるか……ルールとともに集団も元に戻ってしまわないかと、心配でした。

けれど、ふたを開けてみれば、子どもたちは日々の遊びで身に付けたとおりに、仲間同士で助け合う姿を見せてくれたのです。自分の体を盾にして、仲間を守る子どもたちが、名前をあげきれないほど、たくさんいました。それを見た保護者は、「うちの子のことを自分で言うのはおかしいけど……あいつ、かっこいい。かっこいいわ」と心を打たれた様子でした。

交流会の後に子どもたちが書いた作文にも、仲間の印象的な姿が書かれたものが、たくさんありました。たとえば、「男子が守ってくれたり、助けてくれたので良かったです。1勝しかできなかったけど、男子が女子を守ったりするところが、とてもうれしかったです」（サクラ）、「男子が女子を守ってくれたり、代わりに当たってくれたので、うれしかったです。みんながんばって全勝できたことがうれしかったです。強い子のボールをよけたり、受けたりできました」（ハルミ）、「ヒロヨシ、ヨシオ、グッチが女の子を守ったり、女の子の前に来たボールを捕ってくれました。3回負けてしまいましたが、ドッジボールで、あまり仲良くなかった子ともすごく仲良くなりました。いい思い出ができました」（リエ）、「女子を狙ったボールが来たら、走っていって守った」（グッチ）、「あてられてくやしかった。マナミちゃんが、6年生くらいの人のボールを受けたから、すごいと思った」（クミ）などでした。

得意な子たちは、仲間を守り、励ます気持ちをもてるように、また守られた子は、相手に感謝や憧れ、信頼をもてたのではないでしょうか。学年や性別の違いを越えて、ここで生まれたつながりは、生活の場面すべてに生かされてくることと思います。

子どもたちは1人ひとり、得意なことや夢中になれることをもっています。誰でも一度は主役になって拍手を浴びる場面に出会い、そして誰もが大切にされる集団に育つようにと願っています。遊びは、その絶好の機会です。子どもたちとことん遊び込んで、個人や集団の課題を探り、人と人を結ぶための工夫と実践を積み重ねていくこと、それは私たち指導員の、大切な役割の一つだと思います。

（三重県津市藤水地区放課後児童クラブ藤っ子会指導員●中根大佑）

■文献

遊び・劇・表現活動研究所　1993『まちを遊ぶ』晩成書房
藤本浩之輔　1974『子どもの遊び空間』NHKブックス
宮里和則・北島尚志　1986『ファンタジーを遊ぶ子どもたち』いかだ社
池村一平・河崎道夫　1998『学童保育所・北畠事件始末記』三重民間教育研究所
かこさとし　1979『日本の子どもの遊び』（上）青木書店
河崎道夫　2008a「歴史的構成体としての子どもの遊びの変容」日本保育学会『保育学研究』第46巻第1号　12～21ページ
河崎道夫　2008b「自然とのやりとりを含んだ食経験について――アンケート調査（2006～2007）報告」『現代と保育』第71号　156～169ページ　ひとなる書房
河崎道夫　1994『あそびのひみつ』ひとなる書房
河崎道夫　1983「遊びの自然史」「社会の歴史的変化と子どもの遊び」河崎道夫編著『子どもの遊びと発達』ひとなる書房
河崎道夫編　1983『子どものあそびと発達』ひとなる書房
河崎道夫　1981「子どもの遊びの本性を理解するために」心理科学研究会『心理科学』第5巻

第1号　9～20ページ
国立オリンピック記念青少年総合センター　2005「青少年の自然体験活動等に関する実態調査報告平成17年度調査」
西元昭夫　1975「序章　将来のあるべき展望」一番ヶ瀬康子・西元昭夫『遊び場問題の今日と明日』ドメス出版
仙田　満　1992『子どもとあそび』岩波新書
四方則行　2004『こまワールドであそぼう』かもがわ出版
四方則行　2008「人と人を結び、人間として育む遊びに」『学童保育研究』第9号　かもがわ出版
宍戸健夫・渡邉保博・木村和子・西川由紀子・上月智晴　2010『保育実践のまなざし――戦後保育実践記録の60年』かもがわ出版
谷地元雄一　2008a「子ども、恐るべし！　ホロホロ演劇祭物語」『現代と保育』第71号　ひとなる書房
谷地元雄一　2008b「ホロホロ式笑いの環境を考える」『季刊保育問題研究』第234号
山本　隆　1999『よくあそび、よくあそべ　子どもたち・自然・遊びの現場から』ボーダーインク

コラム2　続ける秘訣？

「リョウスケ君が、指導員の関心を自分だけのものにしたくて、宿題でも何でも指導員がそばにいないとやらない。それだけでなく、自分より弱い子への限りない蔑《さげす》みと悪態。私、もうずっとリョウスケ君のことを叱ってばかりで」と、ベテラン指導員が嘆きます。

私たちの市の指導員会は市内を数ブロックに分けて、固定した少人数の集団で定期的に職員会議を開いています。上記は私の所属する北ブロックでの発言です。

また別の日のこと。彼女が「私、どうしてもリョウスケ君を好きになれないのよね。なのに寝ても覚めてもリョウスケ君のことばかり考えているんだよね」と、ため息まじりに吐き出します。「それはもう恋だね。恋してるんだよ」と茶化しが入って、その場が盛り上がります。

リョウスケ君にかき乱される現場で、リョウスケ君を見放すことなく、リョウスケ君に傷つけられる子どもたちを守りながら、どの子もが学童保育で安心して過ごせるようにという、指導員としての必死なもがき。本当にリョウスケ君がどうでもいいわけではないから「寝ても覚めても……」になっているのです。

「そうなんだよね。あの子も一番じゃ親に認めてもらえないんだよね。一番じゃないとさ」と、リョウスケ君が置かれている厳しい状況も理解したうえでの彼女の苦闘。彼女への信頼が

『恋』という茶化しになるのです。彼女は、子どもにかかわる仕事をしている者がこんなこと思っていいのかという感情も吐き出せて、共感してもらえて、またリョウスケ君に向き合うエネルギーを蓄えるのです。

ここ20数年来、市の指導員会では、日々の子どもとのかかわりを実践記録に綴る取り組みをしています。

若い指導員の実践記録には、気にかかる子のことをとっても丁寧に観察しているのに、それに自分がどうかかわったかということが書かれていないのでした。結局、気になりながらもかかわっていけなかったのだということがわかりました。

「それはどうして？　もしかして、自分が言ったことに対して子どもからなんらかの切り返しが来ることが嫌だったの？」「もしかして、その子のこと苦手だったの？」

若い指導員は驚いた顔をしました。そんなこと考えたことがなかったそうです。かかわれなかったのはなぜなのかと、もっと深く自分自身に向き合うことができていなかったのです。

「あのね、苦手だと思うことは恥ずかしいことではないんだよ。要は感情レベルで終わらせないで、そこからどうしていくかってことだから。そんなことを思う自分はダメということじゃないからね」と、若い指導員を励まします。

指導員の退職が跡を絶たず、勤続3年未満の指導員が半数という現状のなか、私が30年以上も指導員を続けられているのは、私自身が共働きだったことや、埼玉県の学童保育施策が全国的に進んでいたことがあるかもしれません。でももっと大きな要因は、私たちの仕事の対象がちっとも思うようにならない生きている人間の子どもだったから、一筋縄ではいかない子どもたち相手の仕事だったから、子どもへの信頼を実感した時の喜びや、子どもの育ちへの確信が、たいへんでもやめようと思わなかった要因だったように思うのです。

その喜びや確信を確固なものにしたのは実践記録の取り組みです。自分の仕事を振り返って書いてきたことで、私は学童保育指導員が果たす社会的な役割や、この仕事の意味と値打ちを発見することができました。実践記録を綴《つづ》ることはとても大変な作業で逃げ出したくなるときもあります。しかし、ブロック指導員会で実践記録をもとに丁寧な検討をするなかで、自分の気持ちに正直に向き合い、弱音や自分たちの「負」の感情も認め合える心強い指導員集団ができ、その仲間に支えられてきたのです。

実践記録を書くことも検討することもうまくいかないことがあっても、投げ出さないで積み重ねていってほしいと思うこのごろです。実践記録の取り組みのなかで、学ばせてもらったことが長く働き続ける私の秘訣だったからです。

（全国学童保育連絡協議会副会長・埼玉県さいたま市見沼学童保育どろんこクラブ指導員●片山恵子）

3章

発達障がい・気になる子ども

1 発達障がいのある子がかかえる困難とは？

●ケン君の不安定な1日

ケン君は、特別な支援が必要だと、指導員が感じている2年生の男児です。

学童保育の時間を、比較的落ち着いて楽しむことができる日もあるのですが、不安定で荒れた日が少なくありません。そんなケン君の、ある1日の様子です。

学童保育に帰ってくると、数人の1年生がブロックで遊んでいるのを見つけ、そのなかに割り込んでいきます。ブロックを取ろうとしますが、ゆずってもらえません。かっとなって、1年生が作ったものを壊します。それを非難されて、大声をあげてとびだしていきます。走りながら目についたものをとって投げたり、友達に暴言を吐いたり、蹴ったり、たたいたりします。

指導員が見かねて、制止して抱きとめると、ようやく少し落ち着きます。ケン君の話に耳を傾けると、「○○君なんか、バクハツすればいい」と、過激なことを言います。

しばらくすると、さっきまでのことはなかったかのような表情になり、元気に飛び出していきますが、またそこでトラブルが生じて、大声が聞こえてきます。

おやつの時間になり、子どもたちが集まって、自分のグループの席につきますが、ケン君は、指導員が何度も呼びかけても、なかなか、部屋に戻ってきません。このため、おやつの開始時間が遅れます。

ようやく、そろったところで、指導員が来週にせまったお楽しみ会の準備のことを話します。ケン君は、話を聞くのが苦手です。指導員が話しているそばで、答えなくていいところで大声で返事をしたり、思いついたことを叫ぶように言葉にします。

おやつの後は、この日は、ボランティアの学生たちが来てくれて、ホールでドッジボールを指導してくれる日でした。ケン君は、ホールに一番で入ることに強いこだわりがあります。ところが、この日は、おやつの片づけのときに、マンガを取り出して見ていたために、他の子どもが先にホールに向かっていました。それに気づき、ケン君の表情が険しくなりました。それに、指導員が気づき、なんとか、なだめようとしたのですが、マンガ本を投げ捨てて大騒ぎになります。

ドッジボールでは、皆と一緒に遊びたい気持ちが強いのですが、同年齢の男児のようには、上手にボールを投げたり受けたりできません。普段は、ボールを取って投げる機会が少ないために、途中で遊び仲間からはみ出てしまうのですが、この日は、ケン君もチャンスがもてるように、大学生が配慮してくれました。それで、最後まで機嫌よく遊ぶことができました。

●発達に障がいがあること

今日、学童保育でも、子どもに関する情報として、発達障がいの名称が日常的に話題にあがり、その特徴が理解されるようになりました。

ケン君の場合、ＰＤＤ（広汎性発達障がい）とＡＤＨＤ（注意欠陥多動性障がい）の疑いがあるという、あいまいな情報が学童保育に伝わってきていました。

医学的な診断では、この二つの発達障がいはまったく異なるものです（１９１～１９２ページ解説参照）。しかし、どちらの場合も、学童期になって子どもがかかえる困難は共通することが多くなります。また、両方の特徴をあわせもつ子どもが多いのが実際です。このため、学童保育や学校で、指導員や教師が子どもに接したときに感じることや、子どもとのかかわりの難しさも良く似たものになります。

ケン君も、二つの発達障がいに共通する困難をかかえていました。そのうち、私たちが理解しておくべきものは、次のようなことです。

●自分のことを好きになれない——自己評価が低い

ケン君は、もって生まれて多動・衝動傾向が強いことや、周囲の状況や人の気持ちを理解することが苦手という特徴などがあります。発達障がいがあるためにケン君がかかえる困難です。

幼児期から、生活のなかの多くの場面で、ひときわじっとしていることが苦手で、目についたほうに唐突に飛び出したり、触ってはいけないものに手を出したりしてしまいます。人とかかわるときや、集団で生活する場面では、迷惑や危険な行動とみられることを頻発します。周囲から「行儀が悪い」「しつけが悪い」と誤解されます。

このため、どうしても、ケン君にかかわる大人、とくに親や保育者は、ケン君の行動を阻止・禁止したり、ケン君を叱ったりする場面が多くなります。

そのような経験が繰り返され、その記憶が蓄積されることがケン君の心の育ちに悪影響を与えます。

だれでも、どんな子どもでも、毎日、自分のしたいことを阻止・禁止されたり、いけないことをしたと叱責《しっせき》されれば、そういう自分のことを好きになることはできません。自分のことを「いいな」と思うことができないのです。つまり自己評価が低い、そういう困難をかかえるのです。

●一番病――プライドが傷つく

自分のことをみんなが認めてくれて、自分のことをいいなと思うことができれば、失敗したり、負けたり、思い通りにならなくても、我慢することができます。多少、がっかりしても、すぐにかっとなることはないし、今度は頑張ろうと、次まで待つことができます。

しかし、自分は認められていない、自分のことをいいなと思えない、そういう状態のときには、どんな子どもでも、ちょっとしたことで傷つき、かっとなってしまいます。プライドが傷つきやすいのです。それは、ケン君のような発達障がいのある子どもに限りません。

ブロックをめぐる1年生とのトラブル場面では、ケン君は、自分の思い通りにできなかっただけだったら、これほど、かっとはならなかったと思われます。1年生から「バカ」「あっち行けよ」と言われたことが、火に油をそそいだのです。

子どもたちは、なにげなく「バカ」と言うことは珍しいことではないでしょう。どんな子どもでも、そう言われれば、良い気持ちはしません。その程度なら、気持ちが崩れるのを持ちこたえることができます。

しかし、ケン君は、私たちが想像する以上に、傷つき、感情が高ぶり、自分をコントロールできなくなるのです。

ケン君がかかえやすい困難、それは、自己評価が下がった時に感情が高ぶり、自分をコントロールできなくなり、しばしば、他害行動（乱暴する）や自傷行動・自己刺激的行動になりやすいということです。

その裏にある気持ちは、いつも、自分を認めてほしい、負けたくない、一番になりたいというものです。それが、ひときわ強いという特徴があります。「一番病」と言われるのはそういう心の敏感さと脆《もろ》さをもっているということです。

●仲間になれない排除されるさびしさ

「あっち行けよ」、この日だけでなく、ケン君は、友達から何度も言われてきました。バカと言われるとかっとなりますが、「あっち行けよ」と言われるのは、辛くさびしいことです。

遊び始めると、ケン君は、周囲が見えなくなります。友達が先に使っていたブロックだから、それは、自分が勝手に使ってはいけない、そのことが理解できません。幼児期に、そういうことを、わかるように発達するのが普通ですが、それがわからないことも、ケン君のかかえている障がいの一つです。

叱られると、何か、自分が悪いことをしたらしいことはわかるのですが、何がどう悪いのか具体的には理解できません。保育園のときから、そういうときに、友達に謝りなさいと何度も言われてきました。「ごめんなさい」と、言葉では言うようになったのですが、何が悪いのかを理解できませんから、また、同じことをします。「ごめんなさい」は、その場をやり過ごすための言葉として覚えたのです。

「ごめんなさい」と言っても、また、同じことをするので、「あっち行けよ」と言われてしまいます。いつの間にか、子どもたちの遊びから排除されてしまうことが多いのです。

ケン君は、1人で遊んでいる姿が目立つのですが、友達と一緒に遊びたい気持ちが強いのです。でも、仲間に入れてもらえない、そのさびしさから、友達の気を引きたくて、かえって嫌がられることをします。

そうやって、友達の遊びから排除されることが、ケン君のかかえている、もう一つの大きな困難です。

●支援を受けて、楽しく遊びに参加できる

ケン君は、努力したり頑張ったりしても、自分だけの力で、友達と一緒に遊びを楽しむことはできません。遊びたい気持ちが空回りして、かえって排除されることになります。特別な支援が必要です。とりわけ、ドッジボールのように、技術が必要で、ルールを守ることで楽しめる遊びは簡単ではありません。

ドッジボールではケン君だけでなく、ただ逃げ回っていて、活躍するチャンスがない子どもがいる一方で、数人の力のある男児だけでボールを支配することになりやすいものです。だから、楽しく遊んでいる集団では、たいてい、ルールが守られるようにすると同時に、ある程度どの子どもも平等に参加できるように配慮する子ども同士の関係があったり、全体を統率する

年長者がいるものです。ケン君のように、ちょっとしたことで（ケン君にとっては重大なのですが）気持ちが崩れていざこざになる子どもがいる場合は、なおさらそういう支えが必要です。

この日は、ボランティアの大学生が指導してくれたので、どの子どもも楽しく参加できました。

ケン君は、いつもは、争ってこぼれ球を拾う場面などで、無理やりに取ろうとしたり、反対に、自分が先に拾おうとしたボールを横取りされたりして、ゲームが中断するのですが、この日は、大学生が公正に判定してくれました。

なかなか、自力でボールをとることはできず、また、せっかく友達がまわしてくれる機会があってもボールを思うように投げることができず、みっともないくらいの失敗に終わっていました。悔しい思いをしていたはずですが（いつもであれば、もうやめたと抜け出したり、泣き出したり、邪魔をしたりしてもおかしくない）、ゲームから抜け出さないで我慢できました。ボランティアの学生がルールにもとづいた判断をしてくれたから、楽しむことができました、また、これまでに、大学生はケン君にキャッチボールを教えてくれていました。それで、ケン君は大学生の言うことを素直に聞くことができました。

そういうわけで、この日は、ケン君は楽しく遊びに参加できました。ケン君だけでなく、それ以上に、学童保育のどの子どもも楽しく遊びに参加できました。

●ケン君の周囲の気になる子どもと集団の活動

どの子どもも、ケン君に向かって「バカ」とか「あっち行けよ」と言うわけではありません。少数の限られた子どもが、とくにそういう言葉をケン君に言います。

ヒデ君も、じっとしていることや、話を聞くのが苦手です。おわりの会などで、指導員の話が長くなり、周囲がざわついてくると、じっとしていることができません。退屈になったヒデ君は、自分のことを棚に上げて、ケン君に、「話を聞けよ」「あーあ、先生に叱られた、バカ」と挑発します。

ユウ君は、最近、家庭の状況が不安定です。不安でイライラした気持ちのときに、友達の遊びからはじき出されると、ケン君にちょっかいをだしたり、からかったりします。

ヒデ君やユウ君のような子どもが、ケン君の状態に大きな影響を与えます。このような、少数の不安定な子どもが、特別な支援が必要な子どもに影響を与えるという関係は、学校でもよくみられるものです。それを少し一般的に整理してみます。

まず、ケン君自身、先生の話が理解できなくなって退屈になったり、友達との遊びから排除されると、さびしくなったり、不安になったりします。それがケン君の問題行動を引き起こします。

一方、ケン君の周囲の少数の子どもは、退屈になったり、排除されると、しばしば、ケン君

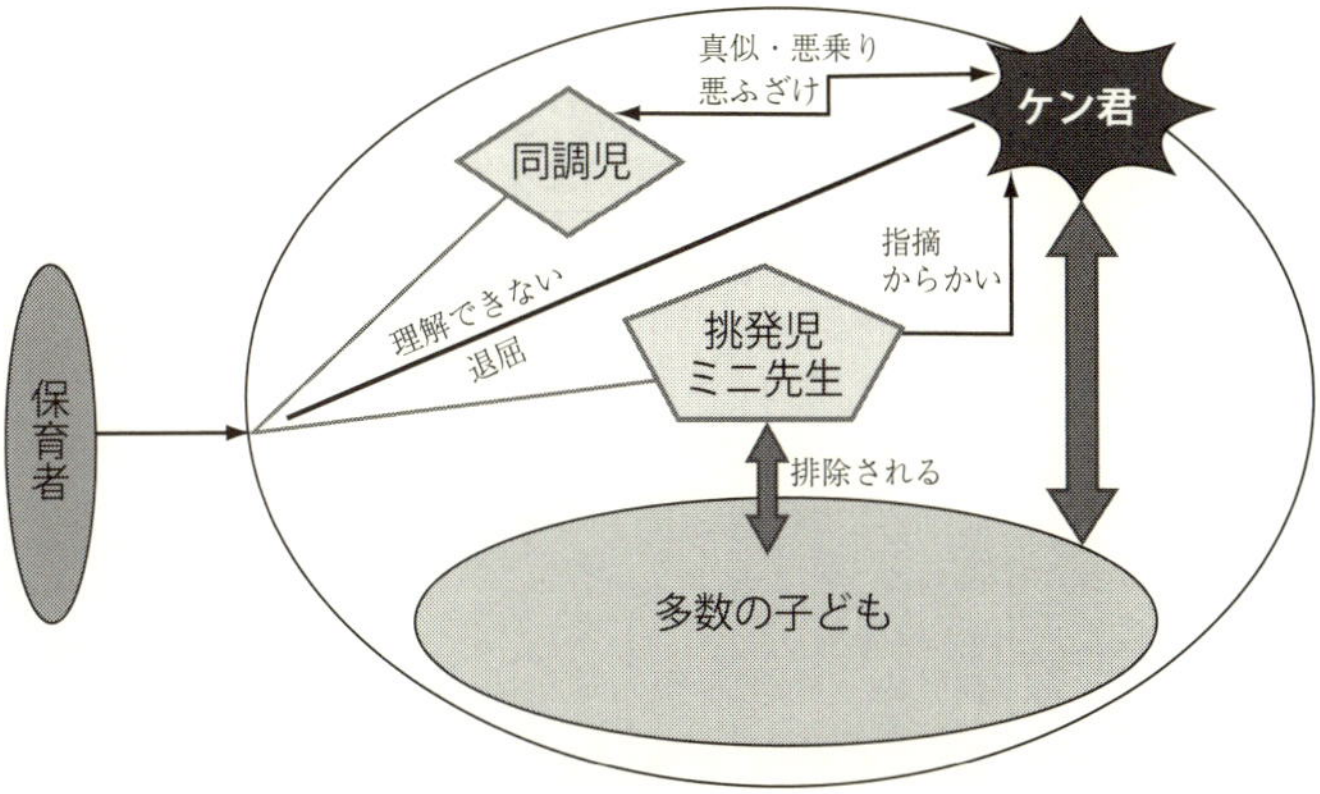

図6　ケン君が支援が必要な状況

に「バカ」と言って挑発したり、「ちゃんとしろよ」というようなミニ先生のような振る舞いをします。それらいずれもが、ケン君の状態を不安定にします（反対にケン君が挑発することもあります）。

さらに、ケン君が不安定になると、それがきっかけとなって、同調するように騒ぎだす子どもがいる場合があります。先生は、ケン君が特別な支援が必要であることを理解し、叱責や注意することがかえってケン君の状態を悪化させることを理解しているので、ケン君に対しては見守りますが、ふざけてわざと同調するタカ君には注意します。そうすると、タカ君は、「ケンには叱らないのに、なんでぼくは叱られるのか」と抗議します。そういうタカ君のような気持ちをもつ雰囲気が、他の子どもたちにもあると、先生は、ケン君にも注意・叱責せざるをえなくなり、ケン君がさらに不安定になります。

クラスの多くの子どもは、一緒に生活するうちに、ケン君には特別な配慮が必要であり、ケン君に叱責や注意することが状況を改善することにならないことを理解するようになります。多くの子どもは、ケン君に注意することよりも、楽しい活動ができることを期待しています。

ところが先生が、ケン君に始まって、周囲の子どもに対しても注意したり叱責するような時間が多くなれば、クラスの雰囲気が悪くなり、退屈な時間ばかりになります。それが持続すると、最初は落ち着いていた多くの子どもたちも落ち着かなくなり、不安定になり、ヒデ君やタカ君のように振る舞うという悪循環に入っていきます。

最初は、ケン君の行動がとくに目立ち、ケン君だけが特別な支援が必要な子どもという状況だという見方をしていても、実は、たいていの場合、その周囲に少数の不安定で支援が必要な子どもがいるというのが普通です。その不安定な子どもは、発達障がいというような意味では特別支援の対象ではないにしても、広い意味で特別な配慮や援助が必要な子どもです。つまり、ケン君だけが支援が必要なわけではないのです。

この日は、ヒデ君、ユウ君、タカ君もドッジボールを楽しく遊ぶことができました。少なくとも、その時間は、ケン君をからかったりする必要はありませんでした。

ケン君が特別な支援の対象児だとしても、実際には図のように、その周囲の不安定な少数の子どもへ配慮することや具体的な支援をすること、さらには、多数の子どもも楽しく活動できるように保育することではじめて、ケン君への支援は実を結びます。

言いかえれば、ケン君個人だけの支援だけでなく、学童保育集団の活動の質を高めることが、遠回りのようで、ケン君への支援にもなるのです。

2 指導員が直面する悩みとは?

特別な支援が必要な子どもをどう理解し、どう保育すべきかについて、指導員がしばしば悩むことになる典型的な状況を通して考えてみます。

まず、「場面の切り換え」「気持ち・行動の切り換え」が難しいという状況を取り上げます。

●切り換えられない状況とは

子どもが場面を切り換えられない、切り換えないとは、実際、どういう状況なのでしょうか。筆者が経験したわかりやすい例をあげてみます。

(1)モト君（仮称・2年生・軽度の障がい・特別支援学級に在籍）の事例

その学童保育は、基本的にはほとんど自由遊びなのですが、1日に二度、全体で集合する時間がありました。おやつの時間と帰りの会です。モト君は、おやつのときも帰りの会のときも、指導員が何度も強く促しても、かたくなに遊びをやめようとしないことに悩んでいました。

モト君が学童保育に来る時間には、まだ学校から帰ってくる子どもは少ないので、ゆったりと指導員と一緒に、好きな遊び（たとえばボードゲーム）を楽しんでいます。指導員はモト君の気持ちやペースを尊重してかかわっています。そのうち、しだいに子どもたちが学校から帰ってきます。モト君の遊びを見て、他の子どもがその遊びに次々と入ってきます。そうすると、モト君は自分の思い通りにならないばかりか、他の子どもの遊びのペースややり方についていけなくなり、しだいに不満な気持ちになり、その遊びから離れてしまいます。それから、1人で廊下をフラフラしたり、何することもなくあちこちを渡り歩くような状態になり退屈な状態で過ごすことになります。

モト君は、気持ちが満たされるまで遊び込むことができないばかりか、結果的に自分の遊びが妨害され、中断された経験となり、いらいらした気持ちやさびしい気持ちの状態にあることが、切り換えを困難にしているように見えます。

そのモト君が、夏休みに入ると、それまでとは見違えるようにスムースに切り換えることができるようになりました。夏休み中は、学童保育に来る子どもの数が少なく、指導員がゆったりと落ち着いてケン君の遊びに付き合うことができたということでした。

しかし、2学期が始まると、モト君は、再び、夏休み前と同じように頑《がん》として切り換えることに抵抗するようになりました。

遊びのような活動は、遊びを開始してから、時間の経過とともに、しだいに気持ちが盛り上がり、内容が豊かになり、どこかで、活動の頂点を迎える、そういうふうに、一般的に考えることができます。つまり図7のような経過をたどります。

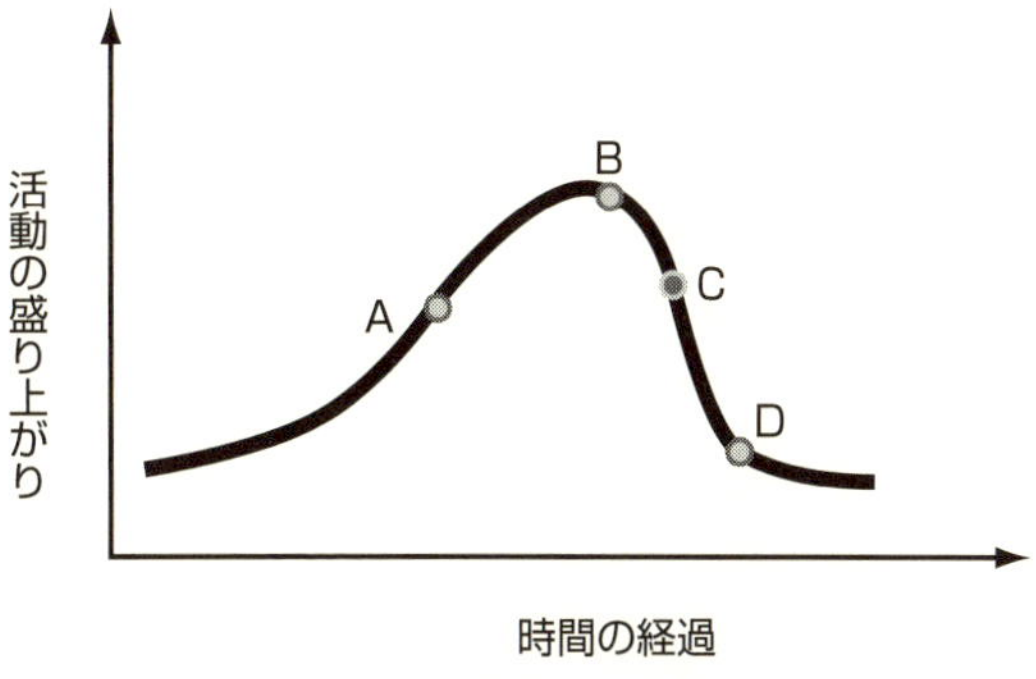

図7　切り換え時点と活動の盛り上がり

仮に、A時点のように、遊びが楽しくなり始め、これから盛り上がっていくときに、保育の都合などで、遊びを終了しなければいけないとき、子どもに大きなストレスがかかるはずです。子どもは、もっと遊びたいという気持ちが強いから、この時点での終了には、強く抵抗します。このため、保育場面では、次の活動への切り換えが難しいのは自然なことです。

モト君の場合は、おそらく、A時点のように、自分の遊びが楽しくなったときに、下級生などが遊びに割り込んできて、楽しくなくなり、遊びから撤退せざるをえないという状況になったのです。そのため、次の活動へ切り換える気持ちになれませんでした。そのモト君が、夏休みの間は、A時点で遊びを中断させられることなく、B時点を経過し、C時点やD時点まで遊び込むことができました。それでモト君は満足感を得て、切り換えることができました。

モト君は、1年以上、学童保育に在籍していました。おやつや帰りの会への見通しをもてないわけではないし、指導員の指示を理解できることは明らかでした。次に何をするべきか十分すぎるほど理解しているのに、切り換えることができませんでした。

そのモト君に、指導員が「おやつの時間だよ」とか、「早く部屋に戻りなさい」というような、具体的個別的な指示や見通しを与えても、状況はなかなか改善されません。場合によっては、いっそう、反発して意固地に拒否することになります。モト君の状況と気持ちを的確に理解して対応することが求められるのです。

●見通しを与えることよりも大切なこと

発達障がいのある子の指導に関して、たとえば以下のような「助言」をよく聞くようになりました。

自閉症の男児。先生が「おしまいですよ」「もう、お部屋に入りましょう」と言っても夢中で戻ってきません。お集まりの時間になったことが理解できないようです。

このような場合、①その子どもに個別に、視覚的にわかるように、具体的に次の行動を説明する。②その場面が終りであることをきちんと説明する。③周囲の子どもにお集まりであると、その子どもに声かけさせる。④自分からお部屋に戻ってきたときには、シールを貼るなどして行動の評価を視覚的にわかりやすく示しましょう。

学童保育で、指導員が、このような対処法を使うことは適切なことかどうか、慎重に考える必要があります。たとえば、かなり重い知的障がいを伴う子どもの場合は、しばしばこのような支援が有効であり、実際に必要なことがあります。また、多くの発達障がいのある子どもでも、入所した直後の場合や、初めての場面では、このような支援によって無用に混乱することを回避できます。モト君の場合でも、初めての活動に導入するときには、こういう言葉かけや対応が必要でした。そういう意味では、限定された状況においては、このような支援が必要であり、有効なときがあります。

しかし、多くの場合、子どもは次にするべき行動が理解できないとか、その見通しがもてないから切り換えないのではありません。つまり、前述の例で言えば、現在の遊びの時間が終りであり、部屋に入らなければいけないということを、子どもが理解できないことによって、問題が生じているのではありません。たいていの場合は、子どもはわかっているけれど、切り換

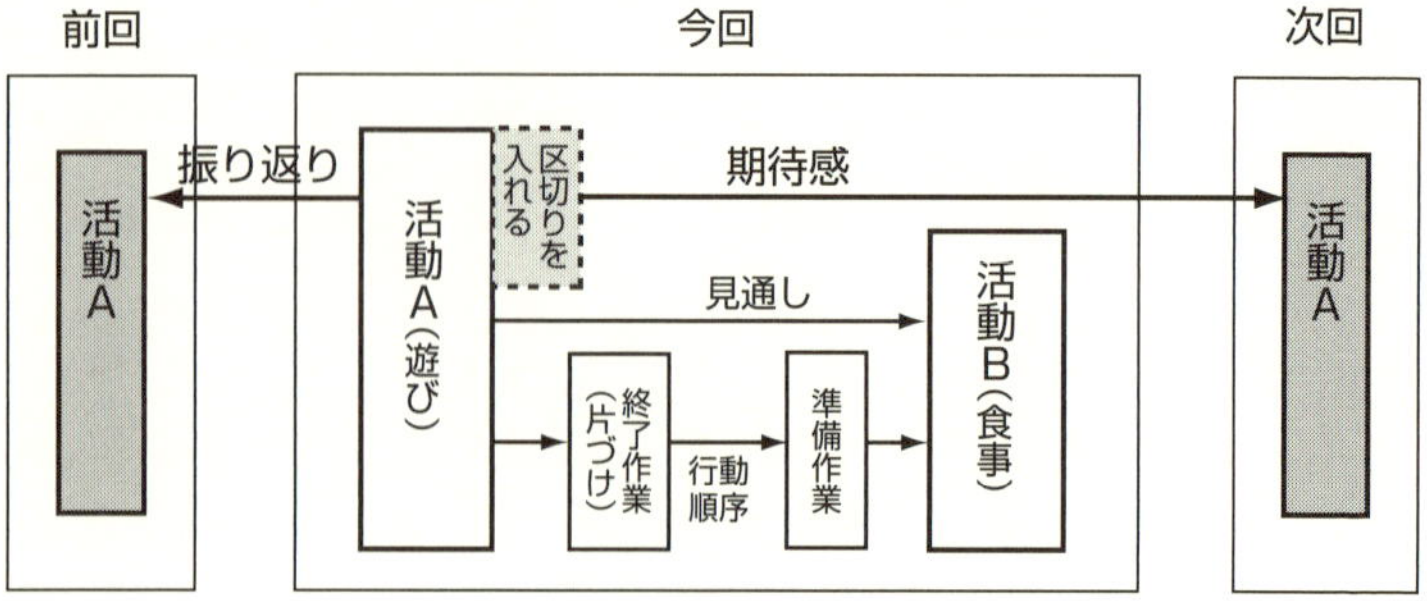

図8　「切り換え」の構造

える気持ちにならない、あるいは、切り換えることができない、そういう状況なのです。

　切り換えるとはどういう状況なのか、図8で考えてみます。

　図8において、切り換えとは、今回の活動A（たとえば、外遊び）に区切りが入り、終了作業（片づけ）を行い、活動B（たとえば、おやつ）への準備作業を開始し、活動Bへ移行することです。

　先述の「助言」は、子どもに、活動Bへの見通しを与えることや、活動Bまでの準備作業を具体的に指示し、それができたときに適切に評価することが重要であるというものでした。それは、図8では、次の活動Bへの見通しを与えることだけでなく、より細かく、活動Bまでの行動順序を指示するということになります。

　しかし、モト君の例が示唆することは、活動Aが充実し、その満足感や達成感を味わうことができることではじめて、気持ちが次の活動Bに向かうことができるということでした。おそらく、切り換えるためには、次に気持ちを向ける前に、それまでの活動に区切りを入れる、そういう心の整理が必要なのです。

筆者は、これまで保育者や指導員が子どもに切り換えを促す状況に出会ってきましたが、次の行動を具体的に細かく指示している保育ほど、子どもは楽しくないし、子どもの気持ちをつかんでいないという印象をもちました。

一方、楽しく子どもの気持ちをつかんでいる場合には、たとえば、「楽しかったね」とか「やったね」という気持ちを子どもと一緒に確認しています。それは、先へ気持ちを向けるというよりは、それまでの活動を丁寧に振り返り味わうものです。十分満足した気持ちを一緒に確認できること（図7のC地点まで遊び込むこと）で、気持ちに区切りが入ります。そうすると、次の活動に向かう気持ちが生まれてきます。

子どもの気持ちをつかんでいる場合には、未来へ向けた言葉かけは、活動Bに向けるのではなく、「明日、また遊ぼうね」というように、活動Aが未来にできることを保障するような言葉かけになります。

大人の都合や生活の流れという観点から、子どもに切り換えさせようと考えると、切り換え場面というのは、活動Aが終了し、次の活動Bを開始する、そういう状況になりますが、子どもの視点に立つならば、むしろ、次回の活動Aに向かって気持ちが接続する（期待する）状況なのです。

切り換えることとは、活動を終了することでも別の活動へスイッチすることでもなく、むしろ、現在の活動を未来（次回）に向けて、持続・接続・発展することなのです。逆説的ですが、活動Aを持続できるその気持ちに支えられて、子どもは活動をいったん終了することができるのです。

子どもが次にするべきことをわかっていても、切り換えることができないのは、現在の活動Aを心のなかで持続することができず、次回に発展できないということ、そこにもあることに注目することで、保育の展望が開けてきます。

楽しい活動を十分に遊び込んだり、味わうこと、とくに、学童保育では、それを仲間と一緒に充実感を感じること、それが実現することで、子どもは、切り換えのときに活動をいったん終了することができるのです。

●問題行動（パニックなど）をいかに理解し対応するか

ケン君は、しばしば、気持ちが混乱し、友達に乱暴になったり、物を破壊しました（問題行動）。それが危険なときには、禁止したり制止したりせざるをえませんが、どのようにして、してはいけないことを理解させたらよいかが指導員の悩みでした。

問題行動をするときには、必ず、原因となる理由があります。その理由が、わかりやすいものもあれば、なかなか、わかりにくいものもあります。

ケン君だけでなく、支援が必要な子どもについて広く見てみると、たとえば、自閉症児の場合、感覚や身体の問題を抱えている場合があり、ちょっとした刺激がパニックを引き起こすことがあります。そのことを本人は周囲に伝えることができませんし、また、周囲も容易には気づかないことが普通です。保護者が知っていれば教えてもらったり、あるいは、専門家の助言を得ることができれば、ある程度は知ることができます。しかし、それも難しいとすれば、ひどく嫌がったり拒否するようなことがあれば、無理強いは避けて、時間をかけて様子を見ながらなじむことができるような援助をしていくことになります。

感覚の問題は個人ごとに特異な問題ですが、学齢に達した特別な支援が必要な子どもにとって、ひろく共通して原因となるものがあります。

⑴退屈

まず、「退屈」です。人は退屈になると問題行動を起こすものです。これは、きわめて自然なことで、誰でも、退屈になったときには機嫌が悪くなったり、落ち着かなくなり、その結果、人が嫌がることをすることがあります。ただ、特別な支援が必要な子どもは、ひときわ退屈な状態になりやすいのです。

モト君の例でも、1年生が来て遊びから排除され、その後、1人でふらふらと何をするでもなくいました。自分から友達のなかに入って遊ぶことができませんし、入ることができてもすぐにはみだしてしまいます。ふらふらしている状態が続くと退屈になり、わざと、友達が嫌がることをして気をひこうとしたりして、拒否され、それで乱暴したりや暴言を吐くことになりました。

仮に、1年生が来た場面で、モト君も一緒に遊ぶことができるように支援したり、あるいは、そこから離れたときに、誰かがモト君を誘い、遊ぶことができれば、退屈にならないで過ごすことができます。そうすれば、乱暴したり暴言を吐く必要はなくなります。実際、ドッジボールでは、そういう援助がされたので、問題行動は生じませんでした。

モト君が1日中、どんなときも退屈にならないようにすることは実際には困難です。ただ、友達と楽しく過ごすことができる時間を1日のうち、少しでも経験して、それを積み重ねることができれば、その楽しい気持ちに支えられて、退屈な時間に気持ちをもちこたえることができるように育ちます。

(2)自己評価の低下

次に、「自己評価が下がる」ときです。褒められて評価されたときには、うれしくなり幸福な感情が湧きあがります。一方、負けたり、けなされたり、失敗を指摘されたりしたときには、自己評価が下がり、我慢できないような強い感情が湧くことがあります。人は、自己が評価され、自己に向かい合うとき、しばしば激しい感情が生じます。

人が成長して安定した人格として成長するとは、自分が自己と良好な関係をもつことができるようになることだと言えます。自分にはいろんな側面があるけれど、全体として親や友達が認めてくれ、自分でも悪くない、いいなと思えると、気持ちも行動も安定します。

しかし、特別な支援が必要な子どもは、失敗する、負ける、けなされるというような自己評価が下がることを人一倍経験します。ケン君の場合、少し不器用なこともあり、いろいろな場面で友達に負けたりしますし、状況の判断が苦手なために皆と同じようにできない、常識的な振る舞いができないで場違いな行動をして周囲から冷たい視線を受けるような状況に直面します。そのたびに負の感情が湧きおこります。とくに、それを友達から明確な言葉や行動で指摘されたとき、激しい感情となり、それが問題行動を引き起こします。

学童保育の子どもたちのなかには、ケン君と一緒に過ごすなかで、ケン君のそういう特徴を理解し、ケン君が失敗したり、ちょっと場違いで迷惑な行動をしても、寛容な態度で見守り、さりげなく援助する子どもがいます。多くの学童保育では、そういう子どもが多数派です。そういう子どもと一緒にいるときには、ケン君は、負けて悔しがったりはしますが、それがひどい問題行動まではならないで、気持ちを落ち着けることができます。実際、どの子どもも安定して生活し、生き生きと楽しく遊び込んでいる学童保育では、ケン君のような子どもが、集団のなかで戸惑ったり間違うことはあっても、比較的落ち着いて1日を過ごしているということは珍しくありません。

一方、ヒデ君やユウ君のような少数の子どもは、ケン君の間違いに敏感に反応し、ことさらに際立つような言葉かけや行動をすることがあります。それがケン君の激しい問題行動につながります。しかし、ヒデ君やユウ君も友達と楽しく遊んでいるときや、自分のさびしい気持ちを指導員が受け止めてくれて支えられているときには、それほどには、ケン君の行動に反応しません。

ケン君が、ちょっとした状況で自己評価が下がり気持ちが不安定になりやすいこと、それ自体は、時間をかけて、ケン君が自信をもてるように育てることが課題になります。同時に、学童保育の集団が、充実した生活と遊びを経験し、お互いに支え合う良好な友達関係をつくらなければ、ケン君の問題行動は改善されません。

●立ち直る力を育てる

自己評価が下がると、子どもは、かっとなったり、ひどく落ち込んだ気持ちになったりします。それは、自分自身では抑えることも、鎮《しず》めることもできないほどの、辛く激しい感情状態です。

そのとき、他児に危害を与えたり、物を破壊しますが、その被害は無視できないほど大きい必要があります。たとえば、力が強くて身体の大きな男児に向かっていってもはねかえされて、たいした被害が生じません。それでは、事態は変化しませんし、子どもは放置されたり無視されるだけです。

一方、小さく可愛い女児を突き倒せば、女児は泣き出したり、訴えたりしますし、周囲はその状態を放置できません。そのとき、指導員が近づき、叱ったり制止します。それでも、落ち着かなければ、抱きとめて言い聞かせたりしてくれます。指導員としては、いけないことを自覚させるために叱っているのかもしれませんが、子どもにとっては、それで気持ちを立て直すことができるという意味では、一種の、報酬です。だから、危害を与えると大きな被害が生じるような対象児を選びます。

たいていの場合、そのときに、指導員が言い聞かせたり叱ったりした内容は、子どもには意味がありません。強く「わかった」と聞かれれば「わかった、ごめんなさい」と答えるかもしれませんが、子どもにとっては、それはどうでもよいことです。

叱ったり、言い聞かせたことが、たとえば、「あなたは、アイちゃんに乱暴して、アイちゃんが泣いた、あなたはいけないことをした、もう二度と、そういうことをしてはいけない、約束しなさい」というような内容だとします。たしかに、アイちゃんの立場からすれば、それは事実であり、指導員としては、その事実にもとづいて指導しなければいけないと考えるのは自然なことかもしれません。

しかし、こういう対応で事態がよくなることは期待できません。

人は、自分が大丈夫であり周囲の人から認められているという基本的な安心感をもっていて初めて、自分の失敗や非を認めることができます。不安な状態のときに、自分の非を認めることはできません。それは、子どもも同じです。

言い換えるならば、その時の事件が「自分が悪いことをした」という物語として聞かされれば、それを想起したときに、「自分はダメな子どもである」と自己評価が下がり、不快な感情がよみがえるからです。だから、そのときの記憶にアクセスすることを拒否しようとします。記憶にアクセスできなければ、反省もできませんし、行動を改善することもできません。

安心感という基盤があり、自己評価が安定して高い子どもであれば、過去の「いけないこと」を反省して、行動を改善することが期待できます。しかし、たいていの場合は、子どもは不安な状況なので、それは、まったく有効ではないばかりか、有害でさえあります。

●話を聞く

大人になると、子どものようには急激に感情状態が変化して行動化するということはないのが普通です。それでも、嫌なことがあれば、自己評価が下がったりして不快な気持ちになります。つまり、落ち込むのです。

落ち込んだとき、どうやって立ち直るでしょうか。

仕事の不手際を上司に指摘され、同僚に迷惑をかけたと思い、落ち込んだとき、どうやって気持ちを立て直すか。私たちがもっとも一般的に広く使う手は、話を聞いてもらうことでしょう。

誰かに聞いてもらえれば、自分が1人ではない、自分の気持ちがわかってもらえている、そういう安心感を得ることができます。つまり、自分は孤立していない、つながっている、それで、まずは少し安心できます。

一方、聞いてもらうということは、過去の経験を語ることです。事件の直後は、その記憶は自分を突き刺して傷つけるようなとげとげしいものです。だから、想起しようとすると嫌な気持ちになるのです。それを言葉にすることができると、想起できる程度のとげとげしさに和らぎます。

最初は、自分の責任だ、取り返しのつかないことをした、というような気持ちが強く、想起することは苦痛だったとしても、話すことができる（聞いてもらえる）と、その事件を違う視点から振り返ることになり、必ずしも自分だけの責任ではなかった、今度、気をつければいい、というふうに、事件の記憶は変容していきます。話すたびに、少しずつ記憶はつくりかえられ、しだいに、想起しても苦痛ではなくなっていきます。

聞いてもらう（語る）とは、過去の経験を、自分と聞き手にとって受容できる物語としてつくりかえる、自分と聞き手の共同作業です。そういう共同作業が進むと、気持ちが落ち着いてきて、立ち直ることができます。

受容できる記憶とは、言い換えれば、アクセス可能な記憶だということです。記憶にアクセスできれば、それについて考えをめぐらし、反省することが可能になります。その結果、今度は、もっとこうしようというように行動を改善することが可能になります。

気持ちを立て直すことが上手な人というのは、「良い聞き手」をもっている、そう言うことができます。

ケン君は、自分だけの独力で経験を語ることは困難です。そのケン君に、「……また、乱暴したの、○○ちゃんが泣いてたわよ、あやまりなさい、もうしないって約束するわよね」と言えば、「自分という悪い子」が「友達を傷つけた」という、ケン君には受容できない物語になり、その事件の記憶から逃げようとします。表面上は謝ったり約束したりするかもしれませんが、その場を逃れ、二度と想起しようとしなくなります。

しかし、大人が、ケン君の気持ちに即して、「自分」は「ほんとはやさしくしようとした」のであり、今度は、「やさしくできる」というように、ケン君が受容できる物語として、経験を言語化してやれば、「うん」と応えることができます。それだけで、少し気持ちが落ち着きます。

そうすれば、ケン君はその経験を想起し、そこから、自分が次に行動すべき姿を考えることへ一歩踏み出すことができます。

●楽しいことをする、楽しめる力を育てる

気持ちが落ち込んだときに、私たちがよく使うもう一つの手は、楽しいこと、好きなことをすることです。たとえば、音楽を聴く、美味しいものを食べる、スポーツをする。そうすれば、嫌なことは気にならなくなります。

学校で見た事例ですが、その男児は、授業内容がかなり理解できなくなっていました。朝、登校してきたときは、それほど不機嫌ではなかったのですが、1時間目が始まってしばらくして、理解できないために、機嫌が悪くなり落ち着かなくなりました。隣の席に手を伸ばして、消しゴムをとって、ちぎって投げたり、手を伸ばして突いてみたり、そのうち、立ち歩いたり

するようになりました。

いつ立ち直るかなと、見ていたのですが、いっこうに立ち直る気配がありませんでした。ところが、給食の時間になったときでした。見違えるように表情が明るくなり、先生や友達の邪魔をすることもなく、行儀がよくなりました。給食時間中、ずっと、楽しそうにしていました。彼は、食べることが大好きだったのです。

給食が終わり、5時間目が始まり、しばらくすると、また不機嫌になり、友達にちょっかいを出しました。

1日見ていて、その子どもにとって食べることが大好きなことと、そして、給食の時間があることは、きわめて大きい意味があると感じました。もし、食べるのが嫌いで、給食の時間がなければ、彼にとって、学校は耐えがたい場です。1日中、不機嫌に過ごすしかありません。

彼は、すくなくとも、給食の時間だけは機嫌よく過ごすことができます。仮に、もう一つ好きなことがあれば、その時間も機嫌よく過ごすことができます。そうやって、楽しいことを一つずつ増やしていけば、その分だけ、問題行動が少なくなるはずです。

問題行動への対処を考えるとき、いけないことをいかになくすかと考えがちです。しかし、人間の性質から素直に考えるならば、楽しいことをして機嫌よく過ごすことができる時間を増やして、それがうまくいけば、問題行動は減少する、そう考える方が自然です。いけないことを禁止したり、制止して消滅させるのではなく、長期的な視点に立って、好ましいことを形成する営みを構築して、その結果、気が付いたら、いけないことは気にならなくなる、それが教育です。誰でも、子どもも同じですが、楽しいことをしたい気持ちがあり、実際、楽しくできたら、機嫌が悪いままでいる暇はないのですから。

学童保育で、支援児と遊ぼうとすると、彼らがしばしば、遊ぶ力が育っていないことに驚きます。縄跳びができなかったり、キャッチボールに誘うと、ボールを受けることも投げることも下手だったりします。

下手なだけでなく、誘ってもなかなか応じようとせず、逃げようとします。自分が下手であることを自覚し、苦手意識があるからです。それでも、友達と遊びたい気持ちは強いので、友達が遊んでいるところに行って、わざと邪魔をしたりして気を引こうとします。それで、かえって、友達から敬遠され、さびしくなるという悪循環になっています。

それを放置しては、状況は悪化するだけだと思い、指導員と一緒に2、3人がかりで、やや強引に、嫌がっていても誘い、1人が身体を押さえて逃げられないようにして、1人が対面して、キャッチボールをします。最初は身体をくねらせて拒否的な態度をとっても、何度かボールをキャッチできたり、投げることができた感覚を経験すると、楽しくなってきます。その間、20、30分程度ですが、終わりのころには、また遊んでほしいという態度に変わることがあります。

ほんの少し、キャッチボールを楽しめるまでにするのにさえ、かなりの人手とエネルギーと時間が必要です。友達と楽しめる力が育つまでには、継続的に教えることを積み重ねる必要があります。

支援児の一定程度の割合の子どもは、幼児期に、そういう継続的な教育を受けることがなく学童期を迎え、周囲の子どもとの遊ぶ力のギャップが大きくなり、友達と一緒に楽しく活動することを疎外されている、そういう状況にあります。

「いけないことを教える」よりも、まずは、「楽しくなる」「楽しめる力を育てる」という意味で支援が必要な状況にあります。問題行動に対処するというよりも、楽しいことができるように育てて、問題行動が気にならなくなる、それが支援の基本です。

●もちこたえる力、自尊感情を育てる

自分のことをいいなと思える、そのような状態は、自尊感情が育っているとか、自己肯定感があるとか言われますが、そういう子どもは、たとえ一時的に自己評価が下がる（負ける、けなされるなど）場面でも、大きくは感情がくずれないで、もちこたえることができます。

どうすれば、自尊感情は育つのでしょうか。しばしば、自尊感情を育てるには、子どもの良

いところを褒めて育てろと言われます。これには、一理あるのですが、気をつけなければいけない点があります。

私たちが子どもを褒めているときに、よく注意して見ると、それには2種類あることに気がつきます。

第一は、勝負に勝ったこと、良い点数をとったこと、先生や親が期待する基準を達成したときなど、その子どもの外部にある基準から優劣や成果などを評価する、言い換えれば、子ども側からみると自分の外部の他者の視点からの評価として褒められる、そういう「褒める」です。

第二は、子どもが自分なりに憧れをもったりして、その実現に向けて、持続的に取り組んだことが達成されたりして、それが褒められる、あるいは、それまでの努力が褒められる、そういう「褒める」です。これは、子どもの気持ちの時間的な連続性への、大人の共感や理解にもとづく「褒める」です。

両者は、実際には、分かちがたく関係する場合が多いので、画然と区別されるものではありません。ただ、第一の観点で、子どもを褒めることは、自尊感情を育てるというより、周囲の評価に過敏なプライドの高い、先述した、一番病のような子どもを育てることになります。第一の観点で褒めることは、しばしば、叱ることと表裏一体の関係にあります。子どもを不安定にするという点で、両者はよく似ています。

叱ることも褒めることも、親や先生が、大人が設定した基準から評価する場合、子どもは評価されることに敏感になり、途中の過程の楽しさや苦しさに鈍感になります。その結果、その過程を味わうことや、苦しい過程を経て乗り越えて達成したときの深い満足感を味わう力が育たなくなります。

教師が子どもを叱っている場面をみると、「ここで叱らないと、他の子どものために良くない」とか、「予定通り進めていくために叱らざるをえない」という場合が少なくありません。また、子どものわがままに見える行動になんの対処もしない状況を他の職員が見れば、「自分の指導が批判される」とか、極端な場合には、「自分の指導力のなさが露呈《ろてい》することを恐れる」という場合があります。さらに、その子どもが他児に危害を与える事件があった場合などでは、「子どもの保護者へ説明できるためには、叱って行動を禁止せざるをえない」ということもあります。

このような叱責において共通することは、周囲の状況の都合のために叱っているのであって、その子どもを育てるために叱っているのではないということです。叱ることであれ、褒めることであれ、それが大人の都合（言いかえれば、子どもの外部の視点）で行われる限りは、子どもを不安定にするという点で共通します。

子どものそれまでの取り組みを理解しながら、次に取り組もうとすることに向けて子どもの気持ちに支えを入れるような言葉かけを積み重ねる、そういう第二の視点で「褒める」ことによって、子どもの気持ちを安定したものにできます。そのような言葉かけは、子どもを励ますことになり、自尊感情を育てることになります。

3 保護者との関係をつくる

●退屈でさびしいために帰宅を渋ったタケシ君

2年生のタケシ君の話です。タケシ君は、遊具の取り合いや順番をめぐって、しばしば、いざこざを起こし、友達を傷つけます。何人かの子どもは、タケシ君を嫌って避けるので、指導員は、どう対応したものかと悩んでいました。

タケシ君は母親との2人家族です。母親は仕事がきつく、経済的に楽ではなく、家のなかでタケシ君に、つらくあたっているらしいことが想像されたのですが、指導員は状況を十分把握できません。

巡回相談のカンファレンスの場で、こんな話になりました。

最近、お帰りの時間になっても、タケシ君は家に帰ろうとせず、ぐずぐずしている日が多い。「お母さんが家で夕飯を作って待っているよ、遅くなるとお母さんが心配するから早く家に帰ろう」と、言えば言うほど帰ろうとしない。どうしたらいいだろうかと助言を求められました。母親は虐待とまでは言わないにしても、タケシ君に厳しく、それで、家に帰ろうとしないらしいのです。

その日、筆者は巡回相談員としてタケシ君をみていました。いざこざ場面も目撃しました。1人でフラフラしていてしだいに退屈で我慢できなくなり、友達にちょっかいを出す。そうすると拒否されるので暴力的になる。そういうことのようでした。

それが一番気になったと問題提起しました。指導員からも、確かにそうだという意見が相次ぎ、いざこざと乱暴の原因は、友達と遊びたいのに遊べなくてさびしく退屈なのだと確認しました。それで、しばらく指導員が仲介役になって、友達と遊べる機会を意識的につくろうということで意見がまとまりました。

●学童保育が楽しくて友達がいるから、頑張ることができる

指導員がそれぞれの得意なことや持ち味を活かして、けん玉、ドッジボール、一輪車、縄跳び、折り紙などを教え、同時に、1週間交代でタケシ君担当を決めて、その指導員がタケシ君と友達が一緒に楽しく遊べるように働きかけました。また、夏休みのお楽しみ会のときに、タケシ君が想像力豊かな絵を描くという特技が活きました。お化け屋敷のデザインにはタケシ君

の案が選ばれ、1年生のなかにはタケシ君のことを、「すごいな」と憧れの目で見る子どもが出てきました。

半年ぶりの巡回相談で筆者がタケシ君をみたときに、友達と一緒に楽しそうにしている姿が印象的でした。母親と家庭の状況にはとくに変わりがないのですが、以前のように家に帰ることを渋らなくなっていました。

お帰りの時間になると、指導員は、「早く家に帰ろうね」と促すのではなく、「タケシ、今日は……して楽しかったな、明日、またいっぱい遊ぼうね」そう声かけるようになっていました。友達とも明日の約束をしていました。その楽しさや、さびしくないし友達がいる、そういう気持ちに支えられて、家に帰ることができるようになったのです。

●学童保育の様子を保護者に伝えたことが状況を悪化させたジュン君

タケシ君とよく似た状況の子どものケースに何度か出会ったことがあります。仮に、一例をジュン君とします。タケシ君とは対照的な経過をたどりました。こんな具合です。

指導員は、母親にも学童保育でのジュン君の状態を知ってもらい、協力して状態を改善したいと考える。最初は、連絡帳に、その日にあった出来事を書く。母親を苦しめないようにという配慮で、トラブルのごく一部をできるだけやさしく思いやりのある表現で伝えようとする。

しかし、いくら待っても、母親からまったく返事がない。しかたなく、母親を呼び止めて話をしようとするが、母親は避けるようにそそくさと帰ってしまう。そういう状況が続き、ジュン君が友達に危害を与えることが目に余るようになる。

何とか打開したいと、母親に面談をお願いする。母親は、生活でいっぱいのところをやりくりして面談の時間をつくる。家では、ジュンは自分を助けてくれる良い子であること、連絡帳に書かれた日は食事を与えないほどに厳しく叱り言い聞かせたこと、「たかが子どものケンカなのに、なぜ大騒ぎするのか？　指導員が甘すぎる」などなど、一方的に母親が話して時間が過ぎてしまう。

こんな経過をたどりました。その後、ジュン君は学童保育を休む日が多くなり、夜中に１人でコンビニなどにいる姿を見たという気がかりな話が聞こえてくるようになりました。

●保護者を支える

学童保育で、何か子どもに問題があるという状況では、ともすると、それを保護者にきちんと伝え、家庭の協力を得て問題を改善したい、そう考えがちです。それで、保護者が理解して協力する、そういう場合があるかもしれません。しかし、たいていの場合、そうするとジュン君のケースのように、かえって事態が悪化します。

支援が必要な子どもの保護者がかかえている困難は深刻で複雑です。せめて、学童保育だけでも平穏であってほしい、そう思っているのが普通です。

指導員としては、気がかりなことの、ほんの100分の1を、慎重な配慮のもとで、保護者に伝えたつもりかもしれませんが、それだけで保護者を追い詰めることになりかねません。とくに、学童保育や指導員の常識を保護者にわかってほしい、同じようにしてほしいというような気持ちがあれば、保護者は、自分たち家族は学童保育から、指導されるべきものと見られていると感じて、関係を断とうとするのは自然なことです。

タケシ君の経過のように、家庭の状況はそれとして、まず、学童保育でタケシ君が活き活きとする場面をつくり、職員がそれぞれの持ち味を生かしながらタケシ君とかかわることで、タケシ君は育ちますし、周囲の子どもたちとのかかわりが豊かになります。その喜びを保護者といっしょに分かち合い、「タケシ君がいてくれて、自分たちはほんとに楽しかった、成長できた」、そう率直に保護者に話ができるようになったとき、お互いが壁をつくることなく本音で、子どもについての気がかりなことまで話ができるようになるはずです。

タケシ君のケースでは、お化け屋敷を製作する場面で、タケシ君が活躍できることを指導員が発見し、家ではどんな絵を描いていて、どうするとタケシ君が頑張ってくれるかなど、母親から教えてもらいました。母親の力を借りることで、お化け屋敷が成功できたという面がありました。

保護者や家庭は、指導員とは異なる価値観をもっているのが普通です。価値観は違っていても、「お化け屋敷製作」のような、両者が共通して取り組むことができる課題はあります。一緒に取り組む過程で、指導員が保護者から教えてもらったりできれば、お互いに大事にしたいと考えていることに共通点があることに気づきます。

保護者を支えることは、保護者を指導することでは決してありません。むしろ、保護者から教えてもらうこと、保護者から学ぶこと、それが出発点ではないでしょうか。

4 あらためて学童保育の原点を大切にする

●大規模化・孤立化・断片化の状況で子どもを育てる保育を

保育という仕事は、個々の子どもの状態をきめ細かに見て把握しながら、同時に他の子どもの状況や集団的な活動に気を配り、それらを相互に充実し高めるように意図的な配慮や取り組みを実践するという意味で、きわめて高度な専門性が要求されます。

少し前まで、たいていの学童保育では、子どもが思いきり楽しく過ごす活動（集団的な遊びや行事などの活動）をつくることや、ちょっと心配な子どもには丁寧に状況や気持ちを把握した対応をすることに、指導員の気持ちの中心（保育実践）がありました。

ところが、学童保育を取り巻く状況は、この10年ほどで大きく変化してきました。在籍する児童数が急増し、従来は考えられなかった大人数の学童保育が出現しています。また、特別支援児も急増し、1カ所に数名以上在籍することが珍しくありません。そのなかで、パートなど不安定で一時的な雇用の職員が多数出現しました。

このような状況で、子どもはほっとすることができない、安心できない、そういう状態になりがちです。いざこざが多くなり、ちょっとした事故が多くなっています。それは、特別支援児だけではなく、どの子どもにも当てはまります。職員もまた、対応に追われるなかで不安になる、そういう状況になっています。

経験もなく身分も不安定なパート職員などに、特別支援児の保育が任せられ、とにかく事故がないようにとか、トラブルがあったら止めに入るという程度の対応はできても、長期的に、支援が必要な子どもをどう育てるか、どう集団活動に参加させるのか、見通しのもてないまま、その日その日を過ごしています。

さらに、地域の不審者対策、児童館の利用実績をあげること、文書作成・報告などで職員の多忙化がすすみ、ともすると、学童保育の生活と遊びが「断片化」「非継続化」して、「楽しさ」がこじんまりし、無用のいざこざが生じやすくなり、「管理」的な保育傾向が高まってきています。このままでは、子どもの育ちは貧困になってしまいます。とりわけ、特別支援が必要な子どもの育ちは危機に瀕《ひん》しています。

そのような状況でも、さまざまな取り組みが行われています。最近経験したことですが、子どもが来ない午前中に2時間ほど、全職員が担当する支援児の状況や、日々感じていることを、それぞれに話をするという場面に同席しました。パートの指導員が、普段、疑問に思ったり、胸につかえていたことを、他の指導員に聞いてもらううちに、それまでの苦しい思いがこみあげてきて、涙になるという場面がありました。その時間を終えて、少し気持ちが楽になった、これからの見通しをもてた、という感想が聞かれました。

また、ある学童保育では、それぞれの職員が、大人数の子どもの出欠や帰宅時間などを把握し、子どもの配慮事項を共有化するために、中心となる常勤指導員が、きめ細かい工夫をし、そのうえで、どの子どもにも、子どもの目線に合わせて言葉をかけたり話を聞くように努力していました。

あらためて、この時代と状況にあわせて、指導員・職員が孤立化しないで、職員相互の理解・協力体制をつくり、お互いに支え合い、その基盤のうえに、継続的な取り組みとして生き生きとした生活と遊びを創造して支援児を育てることが求められていることを痛感します。

●どの子どもにも安心と居場所を与える

次の文章は、ある非常勤の指導員が、少し不安げな女の子との会話をメモしたものです。

> 「ねえ、あしたくる?」
> さいきんなかよくなったれいちゃんが、とことこ駆けてきてのたまう。
> 「うん。くるよ。うーんと、そうだな、
> かぜひかなかったら、ちゃんとくるよ」
> とこたえると、ちびっこれいちゃんがわらって立ち去る。
> 毎日来ているれいちゃんが、毎日きているはずの私に
> わざわざそういってくることに、気持ちがギュッとつまってる。
> とてもとても嬉しい半面、ちょっと胸が痛みます。

この指導員は、子どもたちのことを大好きだということが伝わってきます。家庭的な事情や学校での競争圧力にさらされるなかで、自分が生きてそこにいること、それ自体に確信がもてない、そういう子どもが少なくありません。多くの子どもが、かかえている事情は違っても、れいちゃんと同じような心細い気持ちで過ごしています。

1人ひとりの子どもに、ここに居ていいんだよ、大丈夫だよ、明日も先生はいるからね、という安心感を与える、それが学童保育と指導員にまず求められるのではないでしょうか。れいちゃんといることがうれしい、毎日、一緒に楽しく遊んでいる、この指導員の、そういうあり方が、心細げなれいちゃんを支えています。特別な支援が必要な子どもの保育の基盤は、指導員がどの子どもも大好きになれる、子どもたちと楽しく遊ぶことができる、毎日子どもが通ってくることを楽しみにできる、そこにあるのではないでしょうか。

（首都大学東京　都市教養学部教授●浜谷直人）

■参考文献

浜谷直人編　2009『発達障害児・気になる子の巡回相談――すべての子どもが「参加」する保育へ』ミネルヴァ書房
浜谷直人　2010『保育力――子どもと自分を好きになる』新読書社
茂木俊彦編　2010『入門ガイド　発達障害児と学童保育』大月書店
西本絹子編　2008『学級と学童保育で行う特別支援教育』金子書房

※本章では、ケン君などのいくつかの仮称を使って特別な支援が必要な子どものエピソード等を記述しています。仮称で登場する子どもたちは、特定の実在の子どもではなく、筆者が学童保育で出会った多くの子どもたちの特徴を適宜合成したものです。

解説　注意欠陥多動性障がい（ADHD）広汎性発達障がい（PDD）虐待と心的外傷後ストレス障がい（PTSD）

2，3歳頃までの子どもが，じっとしていることができずに，ちょっとした刺激ですぐに立ち上がって走りだしたり，静かに人の話を聞くことができないことを，だれも問題があるとは考えません。しかし，幼稚園に入園する年齢（4歳頃）になると，たいていの子どもは，少し落ち着いた雰囲気が出てきて，行動にまとまりができてきます。

その頃になると，1つは，自分の行動を計画的に組織して，当面の目的に無関係な刺激に反応することを抑制できる力が生まれてきます。当面していることを一時的に記憶しながら，それとの関連を保って，次にする行動を決定することができるからです。この力の育ちが未熟だと，ちょっとした刺激にすぐに反応するので，落ち着きがなく，不注意で，多動・衝動的ということになります。

もう1つは，4歳頃になると，周囲の状況や他者の気持ちを理解する力が育ってきます。その場にふさわしい行動や相手の気持ちに応じた行動を導く力になります。それが未熟な場合，相手の状況とは無関係に一方的に話したり，自分に向けられた言葉や指示に全く反応せずに自分勝手に行動したりします。その一方で，特定のものへの強く偏った興味とこだわりをもちます。このために，その場で自分に期待されることには関心を示さずに，自分の関心のおもむくままに自己中心的で協調性のない行動をしようとします。

前者の発達の未熟さが，ADHDで，後者の発達の未熟さが，PDDです。ADHDは，その場に許されない「いけない」ことやルールや常識を理解できますが，刺激があると身体が動いてしまうので，いけないことをやめられないし，ルールを破ってしまいます。「わかっちゃいるけどとめられない」のです。

一方，PDDは，「いけない」ということに，そもそも関心がありませんし，理解できません。両者は本質的にまったく異なるものですが，幼児期に保育などの集団場面で行動特徴としてみられることは，一見，良く似たものとなります。

一方，虐待的な環境で育った子どもも，ちょっと見た感じでは，上述の発達障がいの子どもと同じように，不注意で落ち着きがなく，ルールを守れないという特徴を示しますが，そのメカニズムは常識的には，理解が難しいものです。

虐待する親は，気分変動が激しいのが普通です。気分の良いときに，楽しいことを子どもに約束しますが，ちょっとしたことで気持ちが変わり，約束を破ります。そういう環境では，大人の言葉を信用して将来を期待しても裏切られて落胆するだけです。子どもは，いつも，その一瞬一瞬で，利益を得るしかないのです。

また，同様に，一瞬一瞬で危険を予知して回避しなければいけません。たとえば，母親の化粧や酒の臭いは，夜に母親が不在になり１人で空腹なままに放置されるサインの可能性があります。自分を守るためには，子どもは，常時，アンテナを張っておく必要があります。

虐待的な環境で育った子どもが，先生の話を聞かないで，立ち歩いたり，衝動的に大声を出したり，めざとく先生のアクセサリーを見つけたりするのは，理解する力が育っていないからでもなく，妙に大人びた関心があるからでもありません。そうやって家庭のなかで生き延びてきたのです。

さらに深刻な場合，ちょっとしたことばやしぐさが，家庭で受けた暴力を想起させ（PTSD），パニックを引き起こします。とくに，間違いを指摘することば，叱る言葉のあとに，暴力がふりかかった可能性が高いので，注意が必要です。きちんと叱って正しいことを教えようとしても，その内容をまったく聞いていないばかりか，叱責の雰囲気・語感などがパニックの引き金になり，それが他児への暴力を誘発します。


（浜谷直人）

4章

学童保育の過去・現在・未来

1 学童保育はどういう施設か

学童保育という施設を皆さんは、ご存じでしょうか。

学童保育は現在、日本では全国2万カ所以上あり、82万人の小学生が学童保育に入所しています。学童保育は毎年増え続けており、この10年間で学童保育数は2倍、入所児童数は2・4倍に増えています。政府は、2010年1月に策定した「子ども・子育てビジョン」(子育て支援計画)で、「今後の5年間であらたに30万人の子どもが学童保育を利用できるように整備する」という目標を立てています。

学童保育は、日本だけでなくヨーロッパやアジアなども近年増えていますし、学童保育をどう整備していくかは各国の放課後支援の課題ともなっています(池本美香、2010参照)。

学童保育に入所している子どもの数は、表3のとおりです。

全国平均では、1年生ではクラスの4分1の子どもたちが学童保育に入所しています。学校によってはクラスの半数近く、半数以上の子どもたちが学童保育に入所しているというところも少なくありません。

そして、近い将来、どの小学校でも学童保育に入所している子どもたちが多数になっていくでしょう。というのは、日本ではこれからも共働き家庭やひとり親家庭等が増えていくことが

表3　学童保育に入所している子どもの数

（全国学童保育連絡協議会，2011）

学童保育数	2万204カ所
入所児童数	81万9622人

学年別入所児童数

学年	入所児童数	同学年児童数比
1年生	28.4万人	25.8％
2年生	25.2万人	22.4％
3年生	19.0万人	20.5％
4～6年生	9.0万人	3.5％
計	81.6万人	

予想されており、「保護者が労働等により昼間家庭にいない」（児童福祉法）子どもたちの放課後および土曜日や夏休み等の学校休業日の「生活の場」としての学童保育がますます必要とされているからです。

学童保育の目的・役割は、共働き・ひとり親家庭等の小学生の放課後および土曜日や春・夏・冬休み等の学校休業日中の生活を保障すること、そのことを通して保護者が安心して働き続けることを保障することです。学童保育は、保育所の役割の延長として、小学生の子どもをもつ保護者の仕事と子育てを両立するために欠かせない施設なのです。

●「ただいま！」で始まる毎日の「生活の場」

学童保育で子どもたちはどのくらいの時間を過ごしているでしょうか。「学童保育は、放課後のわずかな時間だけ子どもを預かってもらうところ」と思っている人が案外に多いのですが、大きな誤解です。たしかに学校のある平日は、学校が終わる午後2時くらいから午後6時半くらいまでの時間を学童保育で過ごしていますから、4時間くらいですが、土曜日や夏休みなどの学校休業日は（年間96日）、朝から1日（平均して9時間強）、子どもたちは学童保育で生活することになります。学童保育で生活しているのは、年間278日、時間数にして1650時間にも及びます。小学校低学年の子どもたちが学校にいる時間が1140時間くらいですから、年間500時間も学校より長い時間を学童保育で過ごしているのです。

だから、働く親をもつ子どもたちにとって学童保育は、「第二の家庭」であり、毎日の「生活の場」なのです。子どもたちは学校から学童保育に「ただいま！」と帰ってきます。そして、職員（指導員）は、「おかえり！」と迎えます。「ただいま」と「おかえり」は、学童保育の役割や性格を象徴する言葉だと言えるでしょう。

●「昼間のきょうだい」として濃密な時間を過ごす子どもたち

（前略）小学校に入学してからは、学校が終わってから学童保育所というところに6年間通いました。学童保育所という所も両親が働いていて学校が終わってから、親が仕事から帰ってくるまでの間、親代わりになって私たちの面倒をみてくれる所です。そこでは、指導員という人がいて、私たちの親代わりをしてくれます。学校から帰ってくると『おかえりなさい』と一人一人に声をかけてくれます。そしてお腹がすいているとおやつを作っていて、本当においしかったです。学童保育所は、小学校１年生から６年生までいて、兄弟が何人もいるようです。私はお兄ちゃんしかいませんが、学童（保育）に通ったおかげでお姉ちゃんも、弟も、妹も、何人も兄弟が出来ました。（後略）
（第53回全国小中学校作文コンクール優秀賞「学童保育所に通って学んだこと」（名古屋市・中学1年　藤原　愛）より一部抜粋）

地域によっては利用できる学年が「3年生まで」に限られているところもありますが、希望すれば6年生まで通えるところも少なくありません。２００７年の全国学童保育連絡協議会の調査では、それぞれ約半数ずつという結果でした。そして、6年生まで入所できる学童保育は着実に増えています。学童保育では3年間～6年間を通して、年齢が異なる子どもたちが毎日の生活を通して濃密な人間関係を育んでいくのです。

●学童保育の生活の流れ

学童保育では、基本的には「家庭に代わる生活の場」として、休養したり、宿題をしたり、おやつを食べたり、友達と好きな遊びを楽しんだり、仲間といろんな活動をしたりしながら、安心して毎日の生活をおくれることが大切です。

学校のある平日と夏休みなどの1日では異なりますが、おおまかには次のような流れになっています。

学童保育の生活の流れ（参考例）

平日の生活の流れ	夏休みなどの生活の流れ
	8・00 「おはよう」 午前中の涼しい時間に宿題や本読みなど 学校のプール指導に行く子も
	12・00 お昼ごはん （お弁当や指導員の手作り昼食、子どもたちの手作り挑戦なども） お昼寝や身体お休みタイム 自由な遊び、みんなで遊ぶ
14・00 「ただいま」と帰ってくる ランドセルをロッカーに入れ、宿題、ごろんと休養、自由な遊び	
	15・00 おやつ （準備や片付けを当番で行うところも） 自由な遊び、みんなで遊ぶ

16・00　おやつ （準備や片付けを当番で行うところも） 自由な遊び、みんなで遊ぶなど （早めにお迎えがある子や塾に出かける子も）	
18・30　お帰りの時間 「さようなら」 （保護者のお迎えや指導員の送りなど） ※19・00までの学童保育も増えている。	18・30　お帰りの時間 ※夏休みなどの1日保育では、遠足やプール、観劇、キャンプなどの多彩な行事・活動も活発。

●活動や行事も多彩

それぞれの学童保育で指導員が保育計画を立てて1日の生活の流れや月毎、年間の見通しを立てています。子どもたちと話し合ったり、子どもたちの様子を見ながら柔軟に行っているところがほとんどです。「決められたカリキュラムや課題をこなす」のではなく、「毎日の生活の場として、ゆったり、気持ちよい生活を子どもたちといっしょにどうつくっていくか」が大切です。

国民生活センターが２００７年に学童保育の活動や行事について調査を行いました（「学童保育の実態と課題に関する調査研究」）。その結果が、表4です。

表4　学童保育で取り組んでいる日常の活動，行事活動

（国民生活センター，2008）

●学童保育で子どもたちが日常的に取り組んでいる活動

読書・宿題・外遊び・スポーツ・図画工作などはほとんどの学童保育で取り組んでいる。その他に次のような活動にも取り組んでいた。

テレビ・ビデオ，クイズ・ゲーム，料理クラブ，エコ活動，シネマ鑑賞，こま・けん玉，お手玉・百人一首，ボランティアクラブ，クラブ活動，児童館行事，プール，ボランティア活動，けん玉，学年別会議，音楽・パソコン，公園散策，劇団活動，観劇会，昆虫採集，自然観察・環境保護教育，校外ピクニック，散歩，こども会議，障害児へのスキルアップ，手芸・オセロ，太鼓教室，将棋講習会，中高年によるリーダー活動，買い物教室，日本舞踊，読み聞かせ，茶道など。

●年間の行事活動として取り組んでいるもの

新入生歓迎会・お別れ会・お誕生会は大半の学童保育で取り組んでいる。また，民営学童保育では遠足，お泊り会・キャンプ，プール，バザーなど年間の多様な行事の取り組みが公立にくらべて多くなっている。その他として次のような行事に取り組んでいた。

ウォークラリー，手話教室・マナー教室，サイクリング，おこと教室，スポーツ交流，スキー・スケート，お昼作り・おやつ作り，プラネタリウム見学，ドッジボール大会，かまぼこ落としリーグ戦，ボーリング大会，環境学習，カレーパーティー・いも煮会，映画会，登山，キックベース大会，縁日，遊びの講座，けん玉検定，百人一首大会，観劇，幼児親子へのボランティア活動，映画会，季節行事，けん玉大会，夏祭り，将棋大会，クラブまつり，障害者との交流，近郊の公園に行く，親子レクリエーション，国際交流，乳幼児との交流など

なんと多彩な活動や行事があることでしょうか。これらには、毎日の生活をより豊かにするために指導員が導入するものだけでなく、子どもたちとの話し合いや要望から生まれたものもたくさんあるのです。

●子どもたちが緊張しないで安心して自分を出せる世界

学童保育では、指導員が保護者向けに「おたより」を出して、子どもたちの様子を伝えています。保護者は、わが子たちがどんなふうに生活しているのかを知ることで安心できます。さいたま市クラブのある日の「おたより」を紹介してみましょう。

お兄ちゃんだなあ、でもやっぱり甘えん坊!?

夕方のお迎えを待つにぎやかな室内で、諒平くん（3年）たちがポケモンごっこのような遊びをしていました。ふと見ると、その中心に佳和くん（1年）がいて、諒平君は佳和くんのそばへ寄っては〝やられたぁ〟とばかりに転がり倒れます。すると、光春くん、秀士くん（3年）も同じように佳和くんにやられます。それに対して佳和くんはニッコニコ。諒平くんたちがやられてくれるものだから、反対に自分の方から佳和くんが「ワーッ」とかかっても、諒平くんたちは「うわ～」とやられてくれるのです。もう楽しくて仕方がないといった感じ。その様子に、諒平くん、お兄ちゃんだなあという思いでいっぱいになりました。お家では弟がいてお兄ちゃんだけれど、諒平くんが1年生の頃、学童（保育）ではすごーく甘えん坊でした。その諒平くんが自然とお兄さんらしく、先輩らしくなっているように感じました。そんな思いを抱きつつ、（指導員が）仲間に加わったら、さっきとは大ちがいで、思いっきりとびついてかかってくる諒平くんで、やっぱりまだまだ甘えん坊かも、と思ったのでした。

じゃれ合う2人

その隣りでは、里奈ちゃん（6年）と康司くん（2年）が、ゴロンゴロンと床に転がりながら1対1のじゃれあいをしています。きっかけは何だか分かりませんが、じゃれあい自体が遊びとなっているのです。里奈ちゃんの勢いにおされて康司くんは笑いが止まりません。そこへ、長谷川指導員「康くん、かわいいー」と康司くんのほっぺをなでなで。さらに笑いが止まらずヘロヘロの康司くん。それでも必死に反撃。里奈「なにーっ」康司「うわぁ、ハハハ」。年上のお姉さんに甘え上手な康司くんと、面倒見の良い里奈ちゃんなので、こちらも安心してふざけっこに加わってしまいました。

（「ある日の子どもたち」『月刊　日本の学童ほいく』２００３年５月号）

「ごっこあそび」「じゃれあい遊び」など、心が解き放たれていれば、子どもたちにとってはなんでも遊びになります。それは、子ども同士の「安心できる人間関係」がその土台となっています。

●子どもたちは安心感のある生活のなかで育つ

今日の子どもたちの育ちが難しくなっているという指摘はより強くなっています。

学童保育でも、子どもたちがそれぞれにストレスを抱え、とげとげした人間関係、乱暴な言葉遣い、ちょっとしたことでのケンカや暴力などが起きることもあります。

「どんな姿を見せる子どもであっても、学童保育でほっと安心できて、毎日通い続けられる生活を保障していかなくてはなりません。指導員として、この役割を果たすために、日々の実践のなかで『子どもたちと働きながら子育てをする親たちを受けとめ励ます』『まずは、子どもたちのあるがままを受けとめよう』ということを大切にしてきました。しかし、子どもたちの日々見せる姿に『受けとめよう』という意思が揺らいでしまうのです」

埼玉県の指導員、亀卦川茂さんは月刊『教育』２００７年2月号の「『攻撃性』にのせたメッセージ」という実践報告の冒頭に書いています。

そして、「なぜそうしてしまうのか」を問い続け、子どもを深く理解したいと願い、努力し、保護者や子ども自身の言葉を聞くなかで、「『かわいい』と思えない子どもたちは、まるでイガ栗かウニのようです。心と全身を棘で覆っているような。でも（指導員は）傷つくし、辛いけれど、その棘をかい潜って中に入ると、少しずつ子どもたちが『いとおしくなる』気がします。『攻撃的』であればあるほど、誰かに受けとめてもらいたい、心の手を差し伸べてもらいたいと思っているように思えるのです」とも書いています。

子どもたちは自分を棘で覆わずにすみ、ありのままの自分を出しても責められたり、バカにされたり、笑われたりされず、やりたいことを思いっきりやれる安心感のある生活を求めているのでしょう。

安心感のある生活のなかで、子どもたちは仲間と共にいろんなことに挑戦し、子ども時代にふさわしい体験や生活をつくっていくことができます。こうした「毎日の生活」を学童保育で保障することが、保護者が安心して子どもを託せることになるのだと思います。

そして、「安心感のある生活」「誰かに受けとめてもらいたい、心の手を差し伸べてもらいたい」と願っているのは子どもたちだけではありません。働きながらの子育てをしている保護者も同じなのだということは、多くの指導員の実践報告のなかで語られることです。今日、指導員の仕事で大きなウェイトを占めるのは、働きながら子育てする親たちをどう支え励ましていくのかということです。働きながら子育てする親たちにとっても学童保育が支えなのです。

2 学童保育の歴史

●つくり運動で広がった学童保育

学童保育は、働く母親たちが保育所を卒園して小学校に入学したわが子を放課後や夏休みなどに安心して預けるところがほしいという願いから誕生しました。「学童保育」という言葉も、母親など学童保育を必要とした人たちが生みだした言葉です。

明治時代や戦前にも幼児の保育所に学童も保育していた例が見られますが、日本における学童保育の本格的な始まりは１９５０年代に、東京・大阪からでした。そして、現在はすべての都道府県、９割の市町村に学童保育があります。

東京や大阪から始まった学童保育は、必要とする親たちの「つくり運動」によって全国に広がっていきます。そして、市町村が「直営」ではじめたり、父母会が運営する学童保育に助成金を出す市町村が生まれたり、都道府県が独自の補助金をつくったりしながら、学童保育は増えていきました。

国では、学童保育にはじめて補助金を出したのは文部省でした。１９６６年に文部省は「留守家庭児童会補助事業」を開始しました。当初の予算は３００カ所分、５０００万円でした。「カギッ子問題」がマスコミでも大きく取り上げられ、総理府青少年局が「カギっ子の実態と

表5　学童保育の推移

（全国学童保育連絡協議会，2011）

年	学童保育数	市町村数
1967	515	不明
1976	1,932	不明
1987	5,938	703
1997	9,047	1,349
2007	16,668	1,624
2011	20,204	1,564

対策に関する研究」もしています。学童保育は、政府による「カギっ子対策」（非行対策を含んで使われた）として始められたのです。しかし文部省は、翌年には単独の予算計上をさけて社会教育活動促進費のなかに組み入れてしまい、4年後には補助を打ち切ってしまいます。校庭開放、子ども会活動など、遊び場や健全育成活動などで「カギっ子対策」は置き換えられるとしたのです。

●国に制度確立を求める運動の展開

「学童保育」は、戦後制定された児童福祉に関する基本法である児童福祉法に具体的な条文として明記されていませんでした。しかし、学童保育関係者は、日本国憲法の第25条の「国民の生存権、国の保障義務」、第26条の「教育を受ける権利、受けさせる義務」、第27条の「勤労の権利・義務」などがあること、児童福祉法の第1条の「児童福祉の理念」（すべて児童は、ひとしくその生活を保障され、愛護されなければならない）、第2条の「児童育成の責任」（国及び地方公共団体は、児童の保護者とともに、児童を心身ともに健やかに育成する責任を負う）に照らし、共働き・母子・父子家庭の子どもたちに学童保育が保障されるべき法的な根拠があるとの考えにもとづき、国に学童保育の制度確立を要求してきました。

とくに、児童福祉法の第24条では市町村が「保育に欠ける」ものは保育所へ入れて保育しなければならないと規定し、第39条2項は保育所は「特に必要があるときは」「その他の児童を保育することが出来る」と規定していますが、厚生省自身が「その他の児童」とは主として低学年児童で、「鍵っ子」を指すと説明していたのです（1988年に出された厚生省の児童福祉法の解説書ではこの説明を削除しており、現在の厚生省の見解は就学児童は保育所の対象ではないことになっている）。

こうした学童保育の法的根拠をもとに、全国学童保育連絡協議会（以下「全国連協」と略す）は、全国各地のつくり運動を励ましながら、学童保育の役割を確かめつつ、どのような制度を求めていくのかを探求しながら、国に制度の確立を求める運動を展開しました。「学童保育の制度化」を求める国会請願を繰り返し行い、国会では三度採択されました。しかし、政府の国会採択の請願に対する回答は、以下のようなものでした。

「留守家庭児童対策（学童保育対策）については、従来から児童館においてこれらの児童に対し必要な指導を行うとともに、子供会等の地域組織の育成等に努力しているところである。特に、都市部の児童館等の整備の現状を勘案し、経過的措置として、地域の主体的活動を助長するという奨励的観点から行われている都市児童健全育成事業のなかで、留守家庭児童等のための児童育成クラブの設置、育成事業について助成し、その健全育成を図っているところである。今後とも児童健全育成対策の充実に努力してまいりたい」（1978年、第84国会で採択された請願に対する政府の回答）

政府は、留守家庭児童対策は児童館で行う健全育成対策で対応できるという考えなのでした。児童館は、児童福祉法が制定された（1947年）当初から「児童厚生施設」として法制化されていました。第7条で「児童福祉施設」の一つとして位置づけられ、第40条で、「児童厚生施設は、児童遊園、児童館等児童に健全な遊びを与えて、その健康を増進し、又は情操をゆたかにすることを目的とする施設とする」とされています。「健全な遊びを与えて」児童の健全育成を図る施設なのです。

こうした政府の考えに、学童保育関係者は、児童館と学童保育の違いは何かをずっと突きつけられてきました。そして、全国各地で、児童館で行う留守家庭児童対策では働く親が学童保育に求めているものは保障されないということを実践的にも、運動的にも明らかにしてきたのです。この運動は、厚生省の施策・考えがいかに矛盾の多いものか、働く親たちが求めているのは児童館が行う留守家庭児童対策ではなく、「生活の場」「毎日の生活を保障する」学童保育という固有の制度が必要であるということを繰り返し明らかにしてきたのです。

●「遊び及び生活の場」として法制化

1991年に厚生省は、児童館と学童保育の関係について大きな方針転換をしました。これまでの「留守家庭児童対策は児童館や校庭開放などの健全育成対策として行う」として、経過的措置として学童保育に補助金を出すというものから、「仕事と子育ての両立支援という視点から児童館とは異なる独自の施策」として学童保育を位置付けるとの転換です。学童保育は〝遊びを通して健全育成を図る〟という位置づけから、〝独自の生活の場を与えて健全に育成する〟となったのです。学童保育への補助金も、〝児童館が留守家庭児童対策の基本だが、まだ整備されるまでの過渡的〟な補助として学童保育を行うという位置づけから、〝児童館は学童保育の一つの拠点であり、児童館が整備されるされないにかかわらず、この事業を行う〟となったのです。つまり、児童館で行う留守家庭児童対策ではなく、留守家庭児童対策には学童保育という固有の対策が必要であるということを認めた大きな転換でした。

そして、1997年に学童保育（放課後児童クラブ）は、児童福祉法に位置づけられ、法制化されました。児童福祉法第6条の2の2では、学童保育を「保護者が労働等により昼間家庭にいないものに、……適切な遊び及び生活の場を与えて、その健全な育成を図る事業」と規定しました。「生活の場」として学童保育を位置づけたことに、大きな意義がありました。

必要とする親たちや関係者がつくり出してきた学童保育が、国の制度として認められたという画期的なことでしたが、その内容は政府の社会保障抑制・規制緩和政策の流れのもとで、国と自治体の公的責任があいまいで、施設や指導員に対する最低基準が明確でなく（児童福祉施設ではなく児童福祉事業という位置づけ）、財政措置も法律にもとづかない「予算補助」のままであるというきわめて不十分なものでした。これが、後述するように現在の学童保育が抱えているさまざまな問題点のおおもとの原因となっています。

●学童保育の「つくり運動」とは

法制化の動きの背景には、政府が少子化対策・女性の就労支援を大きな政策課題としたことがありますが、何よりも大きな原動力として、安心して働きながらも子育てしたいと願う親たちの切実な学童保育の要求が広がっていること、学童保育関係者の長年におよぶねばり強い制度確立を求める運動があったことは明白なことでした。

学童保育の運動は、自らが生み出してきた「福祉と教育の谷間として置き去りにされた」といわれてきた学童保育を国の法律にもとづく制度にしていくことを求めた運動です。

大阪で１９６０年代につくり運動を経験した横田昌子さん（元全国保育団体連絡会会長）は、自らの学童保育の体験を次のように語っています。

『〝お母さん、かみなりがなっている。こわい〟職場にかかってきた子どもからの電話は涙声でふるえていました。落ち着かせようとしても、自分も泣けそうでなにもいえなくてなさけなかった』という保育所保護者会でのある母親の訴えはずっしり重く、……「みんなで共同の学童保育をつくろう。行政がやるのをまっていたら子どもたちはどうなる」と共同運営の学童保育をつくったものの、数か月もしないうちに「おもしろくないからいきたくない」という子どもたちに悩まされます。『保育所と違って、子どもたちが自分の足で学童保育にいかない限り、保育そのものが成立しないのです。一人の子どもが減っても運営が大変な共同保育ですから、子どもが学童保育にいきたいと思うかどうかは、共同保育の存続にかかわる問題でした』『子どもたちはどんな時に一番生き生きとしているのか、集中しているのか、関心をもっているのか、子どもの姿に学びつつ指導内容が検討されました。……親と指導員の方針が定まってくると、子どもたちは目に見えて変わってきました』と振り返っています。そして、「『子育てはみんなのなかで』に徹することによって、親も子もみんなに支えられ成長することが出来たように思えるのです」

（「子育てはみんなのなかで」全国学童保育連絡協議会編　１９８１『学童保育年報№８』）

働く親たちにとって「やむにやまれない切実な要求」から生まれた運動とはいえ、自らつくった学童保育を運営していかなければならない、存続させていかなければならないわけです。「どうしたらわが子が喜んで学童保育にいってくれるだろうか」「どういう保育内容だと小学生の子どもたちにとっても魅力ある学童保育になるだろうか」「指導員はどのように子どもにかかわったらいいのか」と悩みながら、1人ひとりの親たちが運営の主体だけでなく、どんな保育内容をつくり合っていくのか、学童保育での生活、わが子の家庭での生活を出し合い、知恵を寄せ合うなかで、「子どもの姿にまなびつつ」学童保育の内容がつくられていったのでした。

学童保育の運動は、国や地方自治体に制度・施策を求める運動でしたが、同時に、「学童保育づくり」を通じて、働きながら子育てする親たち、保護者と指導員の「共同の子育て」そのものの運動でもありました。かつての地域共同体が崩れ、核家族化の進行のなかで、共通の状況に置かれた親たちが、自らの働きながらの子育ての苦労や喜びを共有し合いながら、お互いが支え合い、励まし合いっていってつくり上げてきたのです。

その精神が、学童保育の運動の当初から、

「学童保育の建物（部屋）をつくらせ（つくり）開所される（する）ということは、運動の直接の目的でしょう。しかし、それで手を引いてもよいということではないと考えるのです。父母集団と指導員がつよく連帯し、子どもの発達をうながす内容の質的向上を図ること、そのための施設・設備の改善・改良をなしとげていくこと、指導員の身分保障・待遇改善・研修権の保障にもかかわっていくことなど、『学童保育』そのものを創っていく仕事に発展すると考えるからです。そしてさらに、要求をもつ父母達と共同しながら、地域の『新設運動（つくり運動）』の担い手にもなっていくという展望をもつからであります。『つくり運動』は、学童保育を『創る』運動だ」

（１９７４年、第９回全国学童保育研究集会「討議資料」）

というように「つくり運動」という言葉に込められてきたのです。

学童保育の運動が、国や自治体に施策をつくらせていく運動と働きながら子育てする親と指導員の「共同の子育て」の運動の両面をもっていたのは、そうしなければ学童保育が存続できないという一定の必然性があったからにほかなりません。

3 親の労働保障と子どもの生活保障

学童保育は働きながら子育てする親たちの切実な願いから誕生しました。働く親たちが安心して働けることとわが子にさびしく辛い思いをさせたくないという願いから求められたものです。保護者は、わが子が毎日喜んで学童保育に行ってくれることで安心して働くことができます。

しかし、子どもたちにとってはどうでしょうか。子どもたちが学童保育に毎日帰らなければならない理由は、お父さん、お母さんから「毎日行ってもらわないと安心して仕事ができない、わが家の生活ができない。だからがんばって行ってね」ということだけです。

毎日帰るべき場所である学童保育が、子どもたちにとって負担になる場所であったら、行きたくない場所であったら、学童保育は成り立たないのです。

「親の願い」と「子どもの気持ち」をいかに矛盾なく統一できるか。このことが、学童保育の成り立ちからつきつけられてきた学童保育の本質的な課題なのだといえます。

●「生活づくり」という言葉

「どうしたらわが子が喜んで学童保育に行ってくれるだろうか」「いやがらずに学童保育に行ってくれるだろうか」「安心して生活してほしい」という親たちの願いは、どの子にも「安全で安心して生活できる学童保育を保障してほしい」という願いです。

そのために学童保育では、1人ひとりが大切にされる生活の場、どの子も丸ごと受けとめてもらえる生活をつくることをめざしてきました。また、それをめざさなければ存続できませんでした。どの子も安心して生活できる学童保育をつくってきたのですが、私たちはそのことを

生まれたものであり、

「学童保育は、もともと子どもを『教育する』ことを主目的とした場としてつくられたものではありません。〝親の労働〟と〝働く親を持つ家庭の子どもの放課後生活〟の保障」として生まれたものであり、

「子どもたちの『養護』を前提としつつ、子どもたちに基礎的な生活習慣を身につけさせること、さらには、なかまのなかで、なかまとともに成長することを大切にしながら、子どもにとって魅力ある生活の場とするよう努力してきました。そのために、指導員は、つぎの視点を大切にして生活づくりをすることを確認してきました。

・目の前の子どもを事実としてとらえ、ひとりひとりがもつ興味、欲求、関心などをさぐりながら、

・ひとりひとりの子どもに適切な働きかけをしていくこと。

・これらをとおして、子どもの意欲を高め、自発活動を促していくこと。

そして、この活動によって、子どもたちの生活（活動）が広がり、質も深まると考えてきたのです」

（全国学童保育連絡協議会編　１９８１『学童保育年報№４』）

こうしたとらえ方から、さらに今日では「学童保育の生活づくり」では次のことを大切にし

ているのではないかと私は考えています。
○指導員と子ども1人ひとりとの安心できる人間関係（信頼関係）を築く。
○指導員が子どもの思いや願いに寄り添い、受けとめ励ます。
○子ども同士の安心できる人間関係、子ども同士が分かり合え成長し合える関係を築く。
○子どもの願いに根ざして子ども自身が主体的に生活できるようにする。
○指導員が働く親の願いや生活を理解し、子どもが親が働いている事実を受け止められるよう援助する。
○学童保育の役割を果たす（どの子にも毎日の生活を保障する）という視点から、休んでいる子・休みがちな子の問題をとらえる。

そして、学童保育は子どもたちが毎日帰る「生活の場」ですから、保護者との支え合いと連携がなければ成立しないと考えてきました。そこで、学童保育の生活づくりをすすめるうえで保護者等との関係について次の点を大切にしてきたと思います。
○保護者に学童保育での生活の事実を伝え、保護者の働きながらの子育てを励ましていくことを通して保護者と指導員の安定した関係をつくる（そのことによって保護者の学童保育に寄せる安心したまなざしを築く）。
○働く保護者の願いと生活を理解し、保護者の働きながらの子育てを援助し、支える。

○保護者同士の結びつきを育て、保護者同士の「共同の子育て」の関係を地域に築く。
○学校や地域から温かく見守られ支えられる関係を築く。学校や地域との連携のなかでともに育てる関係を築く。

いま私たちは、学童保育という施設は「保護者と指導員が一緒に子育てする施設」というとらえ方をすることが大切なことだと思っています。保護者と指導員は一緒に子育てするパートナーというとらえ方です。一方が、他方に子育ての責任を押しつけたり、転嫁するのではなく、「どうしたらよりよい子育てができるのか」「どうしたらよりよい学童保育を子どもたちに保障できるのか」を考え合う共同の子育ての場です。社会の目も教育機関などからも「子育ては親(とくに母親)の責任」という目線が強まっているなかで、親たちが追い込まれていく現状を変え、親を支えて一緒に子育てするという目線の学童保育は、子育てする親たちにますます必要とされています。

学童保育をつくり運営する・増やす・改善する・内容をつくるという学童保育の取り組みは、切実な願いにもとづいたものですが、それぞれに仕事をもちながらやりとげていくことは非常にたいへんな課題でした。しかし、この課題に立ち向かうなかで学童保育の取り組みが生み出したものがたくさんあります。

一つは、学童保育は「共同の子育て・親育ち」の施設であるということ。親たちはつねに

「子どもにとってどういう学童保育が良いのか」「どうしたら生き生きと学童保育で過ごすことができるのか」を追求しながら、自らの子育ても振り返りながら指導員とともに、また親同士が支え合いながらつくってきたものです。このことを通して、親自身が親同士のかかわり、指導員とのかかわり、わが子とのかかわりを通して親として育ってきたということが言えます。

もう一つは、地域に根ざし、地域に支えられながら存在し、地域の施設として地域とともに子育てしていく施設であるということ。学童保育が存続していくうえで、地域・近所の理解と協力なしにはできませんでした。近所にお願いしにいくこともたくさんありました。一方、地域から頼りにされることもありました。必要とする家庭があればだれでもが利用できる地域の施設として、地域づくりの一翼を担ってきたのです。

そして、行政や議会に働きかけることを通して、地方自治・住民自治の意識を育て、民主主義を学びながら主権者として育ってきた取り組みだったということです。

このように学童保育を発展させる力は、①「親の願い」とよくしたいという取り組み（父母会など）、②「親と指導員の信頼関係」を基礎にした学童保育づくり、③父母会・学童保育連絡協議会と地域・行政との連携・協力でした。保護者の「わが子を大事に育てたい。1人ひとりが大切にされる学童保育を」と願った取り組み、そして、条件整備は行政の仕事（市町村事業）として、親と指導員はよりよい学童保育づくりに取り組もうとしてきたことでした。

その取り組みの中心に、「父母会」がありました。保護者と指導員がつながる場、保護者同士がつながる場、学童保育のあり方を問い、願いを確かめる場としての「父母会」は、学童保育の発展には欠かせない存在です。

厚生労働省が、初めて学童保育の「ガイドライン」を作成することになった2007年に、私たちはガイドラインに盛り込んで欲しい項目をいろいろと要望しました。その一つに父母会も取り上げました。

その結果、2007年10月に策定された厚生労働省の「放課後児童クラブガイドライン」には、次の項目が明示されました。

7　保護者への支援・連携

保護者会等の活動についても積極的に支援、連携し、放課後児童クラブの運営を保護者と連携して進めるとともに、保護者自身が互いに協力して子育ての責任を果たせるような支援を行うこと。（厚生労働省「放課後児童クラブガイドライン」）

保護者との連携、保護者を支えるということは、保育所保育指針などでも書かれますが、「保護者会等」への支援や連携を図るという内容は、学童保育の歴史や実態を反映したものとして高く評価できると思います。

4 当面の課題

●学童保育の現状と課題

増え続けている学童保育、働きながら子育てする家庭になくてはならない施設となっている学童保育ですが、まだまだたくさんの課題があります。まさに「発展途上」にあるというのが現状ではないでしょうか。「学童保育はこうあるべきだ」ということが定まっておらず、「これが理想の学童保育だ」というモデルもありません。

しかし考えてみれば、学童保育の制度・施策にしても、指導員の仕事についても、学童保育の内容についても、その時代の子どもたちや保護者の状況や抱えている問題や願いに大きく左右されるものであるのは当然なのです。そういう意味で、「発展途上」であり、「学童保育はどうあるべきなのか」を問い続けていくことこそが大切なことではないのかと思います。

学童保育の現状と課題について簡単に紹介します。

(1)まだまだ足りず、潜在的待機児童が増えている

学童保育は、増え続けているとはいえ、まだまだ足りないのが現状です。母親が働いている

低学年児童は6割以上になり、年々増え続けています。学童保育が必要なのに入所できない児童がまだたくさんいることが推測されます（働いている母親のうち、1日6時間以上勤務が約6割なので、1年生の4割近くの母親が1日6時間以上の勤務の仕事をしており、学童保育を必要としていると考えられます。入所できていない児童は約20万人となり、2年生・3年生なども加えると、政府が2011年5月31日の「子ども・子育て新システム検討会議」基本制度ワーキングチームに出した資料（「潜在的な需要＋48万人　2017年度」）はまだ少ない数字と思われます）。

さらに、法制化後から急速に学童保育数も入所児童数も増え、2004年から2008年までは毎年、5万人程度増加していた入所児童数は、2008年以降は年々増え方が鈍り、2010年調査では入所児童数はほとんど増えなかったのです。ここからも潜在的に待機児童が増えていると推測されます。学童保育の整備がたいへん遅れているために、必要な子どもたちが入所できないために、潜在的な待機児童が増えているというのが現状です。

働く親をもち学童保育が必要な子どもたちがすべて利用できるように整備（量的拡大）していくことがまだまだ喫緊の課題なのです。

(2)運営主体や開設場所も多様

公立公営は減少傾向にあり、運営主体が多様になってきています。民間企業が運営する学童保育も増えつつありますが、多くは市町村からの委託や指定管理者制度の受託という形です。

開設場所は、余裕教室活用の学校施設内での実施が増えています。また、地域にある公共施設も活用され、全体として8割以上が公設です。

(3)条件整備も大きく立ち後れている

学童保育は、現在も国には「最低基準」がなく、2007年にようやく国としてのガイドラインができたばかりです（ガイドラインは法的拘束力がなく、指針のような性格）。市町村によって、あるいは施設によって、施設・職員・運営・保育料などなどすべてにおいて、大きな地域差・格差があり、全体としてたいへん貧しい条件・環境のなかで実施されています。

学童保育数も、都道府県や市町村でも大きく異なっています。小学校数と比較した「設置率」も、都道府県では埼玉県の126・8％から高知県の49・4％と大きな開きがあります。また、政令指定都市でもさいたま市の159・4％から川崎市の10・6％と開きはとても大きいのです。

子どもたちの毎日の生活の場である学童保育に絶対に必要な「生活する子どもたちの人数規模」「生活空間」も劣悪です。全国学童保育連絡協議会は2006年に出した提言で「学童保育の規模は40人以下にすべき」と提案し、厚生労働省が2007年に策定したガイドラインでは「適正な集団の規模はおおむね40人程度が望ましい」とされました。しかし、40人を越える学童保育は半数近くにのぼっています。

表６　学童保育の運営主体（全国学童保育連絡協議会，2011）

運営主体	全国	割合	備　考
公立公営	8,179	40.5％	市町村が直営している
社会福祉協議会	2,124	10.5％	半数は行政からの委託
地域運営委員会	3,671	18.2％	多くが行政からの委託
父母会・保護者会	1,447	7.1％	行政からの委託が多い
法人等	4,402	21.8％	私立保育園（1,119カ所） 私立幼稚園（253カ所） 保育園を除く社会福祉法人（642カ所） 保護者等がつくるNPO法人（1,082カ所） 民間企業（265カ所） その他（1,040カ所）
その他	381	1.9％	
合計	20,204	100％	

表７　開設場所（全国学童保育連絡協議会，2011）

開設場所	全国	割合	備考
学校施設内	10,382	51.3％	余裕教室活用（5,249） 学校敷地内の独立専用施設（4,116） 校舎内の学童保育専用室（548） その他の学校施設を利用（449）
児童館内	2,686	13.3％	児童館・児童センター内の専用室
学童保育専用施設	1,623	8.0％	学校外にある独立専用施設
その他の公的施設	1,885	9.3％	公民館内（537） 公立保育園内（142） 幼稚園内（173） その他の公的な施設内（1,033）
法人等の施設	1,348	6.7％	私立保育園や社会福祉法人の施設内
民家・アパート	1,002	6.4％	父母会等が借りたアパート・借家など
その他	1,002	5.0％	自治会集会所・寺社など
合計	20,204	100.0％	

表 9　平日の終了時刻（子どもの帰宅時刻）の分布

（全国学童保育連絡協議会，2007）

終了時刻	割合
5:00以前に終了	7.7%
5:30 ～ 5:59	9.4%
6:00に終了	48.5%
6:30 ～ 6:59	20.4%
7:00以降に終了	14.0%
合　計	100.0%

表 8　入所児童数の規模別の学童保育所

（全国学童保育連絡協議会，2011）

児童数	学童保育数
9人以下	727　（3.6%）
10人－19人	2,178　（10.8%）
20人－39人	7,556　（37.4%）
40人－70人	8,492　（42.0%）
71人－99人	991　（4.9%）
100人以上	260　（1.3%）
合計	20,204　（100.0%）

表 10　学童保育に入所できる学年

（全国学童保育連絡協議会，2007）

入所できる学年	市町村の割合
3 年生までしか入所できない	46.8%
6 年生まで入所できる	46.2%
その他（4 年生まで入所できる）	7.0%
合　計	100.0%

「3 年生まで」と「6 年生まで」は半々

表 11　障がいのある子どもの入所状況

（全国学童保育連絡協議会，2007）

障がい児の受け入れ状況	2007年調査
受け入れ学童保育のある市町村数	約1100市町村（67.7%）
受け入れている学童保育数	約6300カ所（37.8%）
受け入れている障がいのある子どもの数	約12700人

保育時間、開設日数、障がいのある子どもの受け入れ、高学年の受け入れの有無なども自治体や学童保育によって、さまざまな現状です。全国どこの施設にも不可欠な条件整備は、まだまだ遅れているのが実態です。学童保育に対する理解がなく、国や自治体でも設置・運営の基準がつくられず、予算措置がわずかであるという問題点を1日も早く解決して、どの子にも「安全で安心して生活できる」学童保育を保障していくことが大きな課題です。

障がいのある子どもの入所者数は２００３年と比べて2倍です。しかし、まだ3割以上の市町村では、学童保育に障がいのある子どもを受け入れていません。また、受け入れた場合も、補助金加算や指導員加配がなく、現場に大きな負担が生じています。

(4)指導員にかかわる課題も山積している

現在、約8万人近くの指導員が勤務していると推測されます（２００７年実態調査で、1施設の平均指導員数は3・86人）。指導員の約7割は幼稚園教諭や保育士の資格をもっています（国には指導員の公的資格制度はありません。国として定めた資格要件もありません）。

表12にみるように厳しい働く条件であるために、公営・民間ともに、勤続1～3年目の指導員が半数を占めています。3年間で半数の指導員が入れ替わってしまうという現実があり、仕事の蓄積や、もっとも大切な子どもや保護者との信頼関係の構築に著しい支障を生む要因となっています。

表12　多くの指導員は不安定な雇用や劣悪な労働条件で働いている

（全国学童保育連絡協議会，2007）

		2003年	2007年
雇用形態	公営の正規職員	7.3%	4.0%
	公営の非正規職員	43.9%	44.2%
	民間運営の正規職員	19.9%	22.6%
	民間運営の非正規職員	28.9%	29.2%
年収	年収150万円未満	50.0%	52.7%
	150万円以上300万円未満	34.5%	38.3%
	300万円以上	15.5%	9.0%
	勤続年数が増えても賃金はあがらない	52.1%	53.3%
労働条件	退職金がない	58.5%	71.3%
	社会保険がない	38.2%	37.5%
	一時金がない	44.8%	58.0%
	時間外手当がない	49.3%	35.4%

厚生労働省は「放課後児童クラブガイドライン」で、初めて指導員の仕事を実態に即した内容で明示しましたが、明示した仕事をやりとげるために必要な指導員の配置人数や勤務体制、労働条件などはガイドラインでも示していません。指導員に対する条件整備を抜本的に引き上げていくことが求められています。

以上のように、学童保育は、市町村によって、学童保育によっておかれている条件・環境は、それぞれに異なります。また、学童保育の子どもたちの構成もそれぞれ異なります。学童保育のそれぞれの条件が異なることは、学童保育の運営や指導員の実践の交流や仕事の確かめをする際の難しさを生んでいます。

●国の学童保育の政策と課題

学童保育は、1998年から児童福祉法に位置づけられた児童福祉事業となっています（第二種社会福祉事業としても位置づけられています）。しかし、保育所と比べると制度としてたいへん不十分なものです。前述したように、現在の国の制度は、公的責任があいまい（市町村の責任は「利用の促進の努力義務」にとどまる）、最低基準がない（2007年にやっと法的拘束力のないガイドラインが定められただけ）、財政措置が不十分（奨励的補助金で補助額もきわめて少ない）という問題点をもっています。

この間の学童保育数や入所児童数の急増を受けて、政府は量的拡大に力を入れるようになりました。また、厚生労働省は急増している大規模学童保育の分割促進をすすめています。そのために、ここ数年の補助金額は前年比2割前後増えており、とくに、新設・分割に必要な施設整備費を大幅に増やしています。

2007年以降、政府も学童保育の需要に対して、施設整備が遅れているという認識に立ち、量的な拡大と質的な拡充についても一定の施策を進めています。

2007年度からスタートとした文部科学省と厚生労働省が連携し推進する「放課後子ど

表13 厚生労働省の学童保育予算の推移

	総額	運営費	施設整備費	補助対象か所数	総額前年伸び率
2006年度予算	111.80億円	111.80億円	―	14100カ所	―
2007年度予算	158.49億円	138.45億円	18.14億円	20000カ所	23.8%
2008年度予算	184.94億円	161.23億円	23.64億円	20000カ所	18.1%
2009年度予算	234.53億円	176.22億円	56.68億円	24153カ所	25.9%
2010年度予算	274.20億円	234.85億円	38.11億円	24872カ所	17.7%
2011年度予算	307.50億円	265.48億円	40.75億円	25591カ所	12.1%

（参考）法制化された1998年度予算総額は46.5億円であり、13年間で約6.6倍に増えている。

もプラン」は、相互の連携により学校施設等を利用しやすくして、学童保育数を2万カ所に増やす方策でした。2007年末に出された「子どもと家族を応援する日本」重点戦略、ワーク・ライフ・バランスのための計画目標、2008年2月の「新待機児童ゼロ作戦」などは、学童保育の利用児童を10年間で3倍に増やすという画期的な目標をもったものでした。そのために、厚生労働省は2007年度に初めて施設整備費も予算化しました（それ以前は、運営者に対する補助しかありませんでした）。

●制度の見直しの動き

2008年から始まった社会保障審議会少子化対策特別部会では、法制後、初めて学童保育の制度の見直しが検討されました。学童保育の量的拡大・質的拡充のためには制度の見直しに着手せざるをえなくなったのです。

２００９年12月9日に厚生労働省が発表した「議論のポイント」では、次のことが検討課題とされました。

> 放課後児童クラブの量的・質的拡充　質の確保を図りつつ、量的拡充を図ることが重要。小学校の活用とともに、財源保障を強化し、人材確保のための処遇改善が必要。市町村の実施責任、保障の仕組みの強化、質を確保するための緩やかな基準の必要性、人材確保のための処遇改善等を検討。

２００９年9月の政権交代後も、国は学童保育の量的拡大・質的拡充のための方策を出しています。２０１０年1月に策定された「子ども・子育てビジョン」では、学童保育の利用児童を5年後に30万人増やす計画が示されています。

さらに、「子ども・子育て新システム検討会議」でも学童保育制度の改革も検討課題とされ、検討が続いています。２０１１年7月27日に出された「子ども・子育て新システム中間とりまとめ」では、「放課後児童クラブ」については次のように示されています。

3　放課後児童クラブ

○　小学校4年生以上も対象となることを明記し、4年生以上のニーズも踏まえた基盤整備を行う。

○　放課後児童クラブについては、市町村が地域のニーズ調査等に基づき実施する旨を法定する。市町村は、市町村新システム事業計画（仮称）で需要の見込み、見込量の確保策を記載し、提供体制を計画的に確保する。

○　質を確保する観点から、人員配置、施設、開所日数・時間などについて、国は一律の基準を設定する。

○　その際、国の基準と地方公共団体の裁量の範囲については、今後、更に検討する（基準の客観性は担保）。

○　利用手続きは市町村が定める。ただし、確実な利用を確保するため、市町村は、利用状況を随時把握し（事業者は市町村に状況報告）、利用についてのあっせん、調整を行うことを検討する。

現在の国の制度を見直し、学童保育を市町村事業として実施すること、児童福祉法にもとづき全国一律の基準を設けるなどとしています。

また、この検討のなかで出された「質改善（機能強化）の基本的な考え方」のなかでは、「放課後児童クラブの職員体制の見直し」として、「開所時間の延長に対応し、現在の非常勤が前提の職員体制について、非常勤職員が前提の体制から、常勤職員を導入するなど、利用ニーズに即した放課後児童クラブの拡充を図ることを検討」と示されています。

学童保育は働きながら子育てする家庭にとって必要不可欠な施設です。量的な拡大を図るだけでなく、抜本的な国の制度の見直しを行い、必要な子どもたちすべてに安全で安心して生活できる学童保育を保障していくために、公的責任による制度の拡充が求められています。

5　まとめ――これからの学童保育を展望する

共働き家庭が一般化し、ひとり親家庭等が増えているなかで、学童保育を利用する小学校低学年児童がクラスの多数になるのは時間の問題です。将来的には、日本も北欧のいくつかの国のように低学年児童の大半が学童保育を利用するようになるでしょう。

必要な子どもたちが毎日安全で安心して生活できる学童保育の制度の見直し、拡充は欠かせない課題です。

制度の見直し、拡充を検討するときに、学童保育の役割や性格にふさわしい内容をもった制度・仕組みにしていく必要があります。学童保育をどのような施設としてとらえるかによって制度・仕組みは大きく変わってきます。

とくに、学校・学校教育との違いや位置、関係のとらえ方が大きく問われます。学校の下請け、学校の補完、学校と家庭のつなぎというとらえ方ではなく、学校、家庭とは異なる原理・考えで営まれる施設として、放課後（この言葉も学校中心に考えられた言葉として批判もある）の生活の特性をふまえて、何を大切にした施設としてつくっていくのか、制度や仕組みをつくっていくのかが問われます。

学童保育の特性とは、日々の生活の場として、開放的であり、自由さがあり、遊びを中心とした生活であり、異年齢の子どもたちがつくり出す生活そのものであること。そこには「できるできないの評価」で子どもをみるということではなく、子ども本来がもつ「見たがりや、知りたがりや、やりたがりや」が発揮できる場、さまざまな生活体験を通して育つ場であると言うことができるでしょう。

前述したように、現在の学童保育の制度や仕組みはまさに「発展途上」の段階にあります。学校や家庭とは異なるどういう原理で営まれることが必要な施設なのか、これまでの学童保育

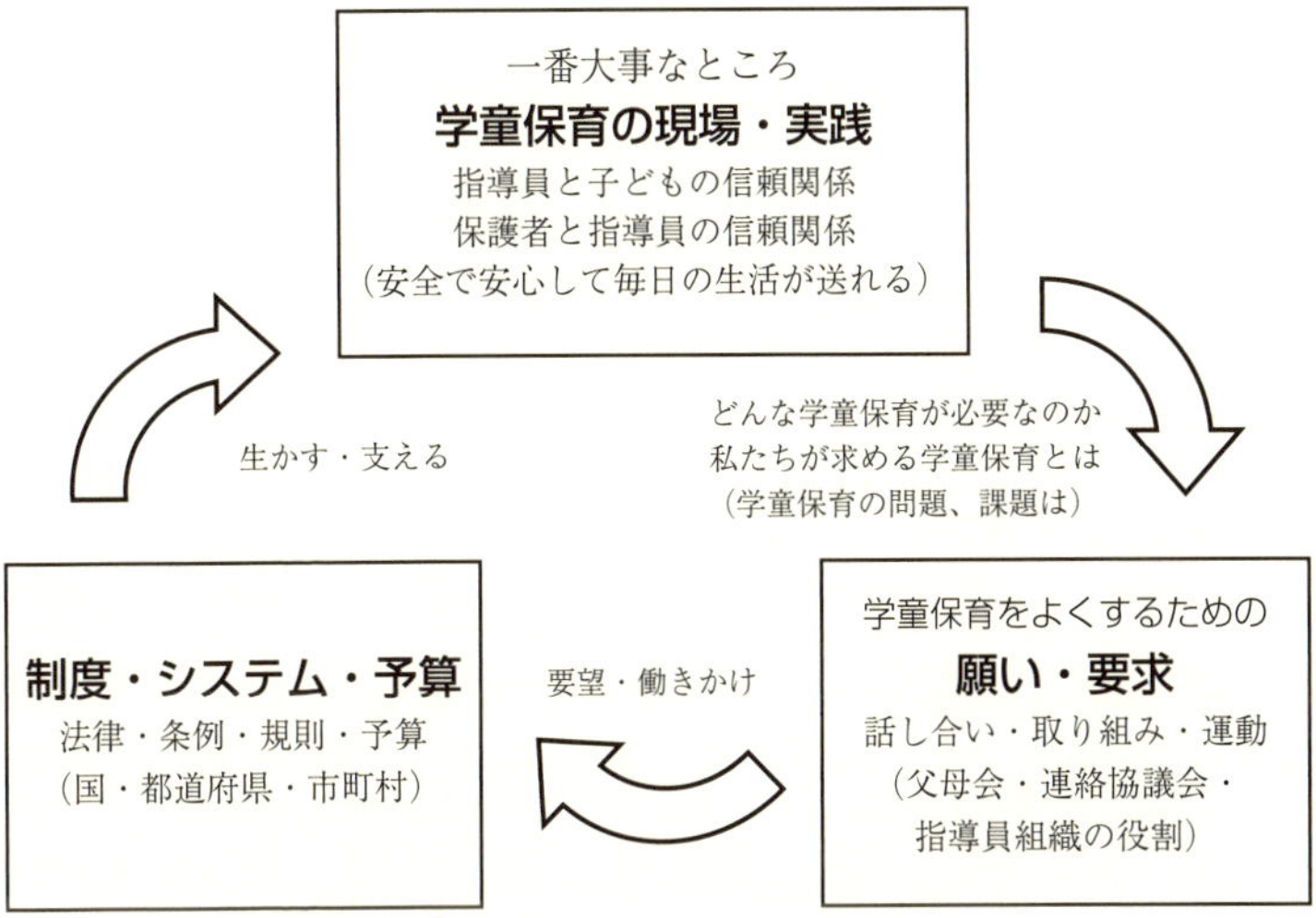

図９　子どもをしあわせにするサイクル

の歴史をふまえ、子ども自身が喜んで通ってきて、生活することを保障する施設として何が必要なのかを問い続けながら、制度・仕組み、そして日々の実践、指導員の仕事が考え出されなければなりません。

そして、時代や社会の変化とともに、子どもたちや保護者の願いや抱える困難さの変化を前提として、絶えず制度・仕組み、実践、運営、保護者と指導員の関係などを問い続け、発展させていくことが必要なのだと思います。固定したものは何もなく、好循環のサイクルを回しながら（図９参照）、よりよいものをつくり上げていくこと、それ自体を一つの大きな発展の運動としてとらえていくことが大切なのではないかと思います。

「発展途上」の学童保育をどの方向に発展させていくのか。学童保育の役割や、運営にあたっての基本的な理念や方向、指導員の位置づけ・役割と仕事についての基本的な理念、内容の基本的指針を明確にしていくことが必要です。

これまでの学童保育の運営や実践、運動のなかで浮き彫りになってきたのは、次のことではなかったでしょうか。やさしい言葉ですが、その意味するところは深く、実際に実現することはたいへんな努力がいることなのです。
○子どもたち1人ひとりが大切にされる学童保育をつくる
「安心感がある生活」をキーワードとして、「生活を通して育つ」「学童保育の生活づくり」という視点を大切にすること。そこでは、子どもと指導員の信頼関係の構築が仕事の基本と位置づけたいでしょう。
○働きながら子育てする保護者を支える学童保育をつくる
さまざまな困難のなかで必死に生きて、働き、子育てする親たちを支える施設として、「学童保育は保護者と指導員がいっしょに子育てする施設」というとらえ方で運営していくこと。そこでは、保護者と指導員の信頼関係の構築が基本となるでしょう。

この理念や方向で、学童保育の日々の実践も運営も、条件整備や制度・仕組みも、絶えず確かめ続け、つくり続けていくことが必要なのではないかと思います。

（全国学童保育連絡協議会事務局次長●真田　祐）

■文献

池本美香編　2010『子どもの放課後を考える――諸外国の比較で考える学童保育問題』勁草書房
国民生活センター　2008「学童保育の実態と課題に関する調査研究」
全国学童保育連絡協議会　2011「学童保育実態調査」
全国学童保育連絡協議会　2007「学童保育実態調査」http://www2s.biglobe.ne.jp/~Gakudou/

片山　恵子（かたやま　けいこ）　コラム2

埼玉県さいたま市見沼学童保育どろんこクラブ指導員　全国学童保育連絡協議会副会長
指導員歴34年。2女の出産直後，友人に「これから学童保育を作りたいのだが，指導員になってもらえないか」と依頼される。自分自身も子育てしながら働くつもりだったが，そのときから指導員という立場でつくり運動にかかわることになった。

4人の娘が保育所，学童保育で世話になった。

子どもから「学童に行きたくない」と言われたときは，働く母親として気持ちが揺らいだ。どんな子であっても，学童保育が安心の場になるように心を砕いてきた。

主な著書に，『一筋縄ではいかないのです――学童保育指導員の仕事と役割』（2001年，大月書店），『ぶつかりながら大きくなあれ――学童保育が育てるやさしさつよさ』（1993年，一声社），『入門ガイド 学童保育指導員』（共編，2003年，大月書店）ほか。

真田　祐（さなだ　ゆたか）　4章

全国学童保育連絡協議会事務局次長
大学時代から学童保育にかかわり（週1回，子どもたちに遊んでもらいに通っていた），大学卒業後，埼玉県内のある市の学童保育連絡協議会の専従を経て，全国学童保育連絡協議会の専従職員。専従の仕事は通算33年。埼玉県川越市で3人の子どもも学童保育に通っていた。
月刊『日本の学童ほいく』編集委員。大妻女子大学などで「学童保育論」を担当（非常勤講師）。『シリーズ学童保育全5巻』（編著，1998-1999年，大月書店），『入門ガイド　学童保育指導員』（共著，2003年，大月書店），『入門ガイド　障害児と学童保育』（共著，2002年，大月書店）ほか。政府の社会保障審議会少子化対策特別部会（2009年），「子ども・子育て新システム検討会議」作業部会（2010-2011年）で参考人として発言。

■著者

馬場　久志（ばば　ひさし）１章９節

埼玉大学 教育学部教授　埼玉大学 教育学部附属特別支援学校長
専門：教育心理学・学校心理学
子育ての時期，２人の子どもが通った学童クラブの父母会長を務めるなど父母会活動に参加し，夏休みのキャンプ企画や地域文化祭への参加，学童保育連絡協議会を通じての行政との協議など，保護者の立場で学童保育にかかわってきた。また子どもの学びに関心をもつ研究者として，学力問題と子どもの生活をテーマとした指導員研修の講師を務めたこともある。現在は学校管理職の立場から，共働き教員の子育てをどう支えるか悩んでいる。
主な著作は『小学生の生活とこころの発達』（心理科学研究会編，2009年，福村出版）ほか。

河野　伸枝（こうの　のぶえ）コラム1

埼玉県飯能市原市場学童かたくりクラブ指導員　全国学童保育連絡協議会副会長
幼稚園教諭を経て，学童保育指導員歴21年。

飯能市に越して，保育士の登録に行った市役所で勧められ，原市場学童保育のつくり運動に携わったまま，現在に至る。

子どものありのままの姿と向き合い，働きながら子育てする親たちと子どものことを語らい泣き笑いの日々を過ごしている。

主な著書に，『わたしは学童保育指導員』（2009年，高文研），『学童ほいく はじめのいっぽ』（共著，2002年，草土文化）『子どもの貧困白書』（共著，2009年，明石書店）ほか。

中根　大佑（なかね　だいすけ）２章３節

三重県津市藤水地区放課後児童クラブ藤っ子会指導員
会社員を経た後，保育や教育に携わりたい思いから指導員となり９年。子どものたくましい“生きる力”を育むことを目指して保育にあたるかたわら，藤っ子に集まった人々の縁とパワーを生かし，大人同士の仲間作りと自分の楽しみ！ も兼ねて，保護者とフットサルチームを作ってみたいとも企てている。（119ページの「FJXILE」写真前列左が筆者）
家族は妻・娘。2人の尻に敷かれて暮らす。

■編著者

田丸　敏高（たまる　としたか）　1章1節〜8節
福山市立大学 教育学部教授　専門：発達心理学
16年前のこと，わが子の小学校入学を間近にして放課後の居場所の必要に気づき，地域の仲間と学童保育つくりにかかわった。以来学童保育に魅了され，実態調査や指導員研修，学生臨時指導員の確保などに協力しながら，小学生の発達の多様性について考えてきた。現在，全国学童保育連絡協議会の『日本の学童ほいく』誌に「講座　子どもの発達を学ぶ」を連載中。
主な著書は，『発達段階を問う』（1996年，法政出版），『子どもの発達と社会認識』（1993年，法政出版），『小学生の生活とこころの発達』（心理科学研究会編，2009年，福村出版）など。

河崎　道夫（かわさき　みちお）　2章1節2節
三重大学 教育学部教授　専門：発達心理学
子どもの発達と遊びの心理学的研究が研究テーマ。保育所や幼稚園，学童保育で子ども達と遊びながら，遊びのおもしろさと揺れ動く子どもの心理を研究し，そこから新しい発達観を追究している。
主な著書は，『あそびのちから――子どもとあそぶ保育者のしごと』（2008年，ひとなる書房），『発達を見る目を豊かに――憧れとささえをはぐくむ保育』（1997年，ひとなる書房），『あそびのひみつ――指導と理論の新展開』（1994年，ひとなる書房）など。

浜谷　直人（はまたに　なおと）　3章
首都大学東京 都市教養学部教授　専門：臨床発達学・教育心理学
東京都のある自治体の学童保育の巡回相談員を20年ほど勤めてきている。とくに，発達障がい・虐待・気になる子など，困難をかかえた子どもを学童保育でいかに支援するか，指導員の方々と一緒に考えてきた。また研究者として，その支援のあり方（コンサルテーション）の理論化に取り組んできた。
主な著作は，『保育力――子どもと自分を好きになる』（2010年，新読書社），『発達障害児・気になる子の巡回相談――すべての子どもが「参加」する保育へ』（編著，2009年，ミネルヴァ書房），『困難をかかえた子どもを育てる――子どもの発達の支援と保育のあり方』（2004年，新読書社）など。

子どもの発達と学童保育――子ども理解・遊び・気になる子

2011年10月25日　初版第1刷発行

編著者　田丸敏高
河崎道夫
浜谷直人
発行者　石井昭男
発行所　福村出版株式会社
〒113-0034
東京都文京区湯島2-14-11
TEL 03-5812-9702
FAX 03-5812-9705
http://www.fukumura.co.jp
印刷・製本　シナノ印刷株式会社

ISBN978-4-571-10158-8　C1037　Printed in Japan